Den Retter-Gott ranlassen

Rainer Petrak
Damit Kirche wirklich Kirche ist

Den Retter-Gott ranlassen

Rainer Petrak

Damit Kirche wirklich Kirche ist

miteinander
aus der Bibel leben

1. Auflage November 2010

Neuer Weg 55, D-60388 Frankfurt am Main
Tel. 06109 / 501860
petrak@den-retter-gott-ranlassen.de
www.den-retter-gott-ranlassen.de

Titelbild: Monika Müller
Bilder Innenteil: © Photographie Bertram Solcher

Herstellung: PRESSEL Digitaldruck Remshalden

ISBN 978-3-9814092-2-2

Buch 2 in der Reihe
„Den Retter-Gott ranlassen" ISBN 978-3-9814092-0-8

Den Retter-Gott ranlassen

Damit Kirche wirklich Kirche ist

Inhalt

Dieses Buch
ein Vorwort

Kirche – was ist das eigentlich? Sicher haben Sie Ihre eigenen Erfahrungen und Eindrücke.

Für viele hat die Kirche kein gutes Image. Wer sich als Christ outet, erst recht als Kirchenglied, gilt schnell als nicht zeitgemäß. Und wer Gott sucht und sich damit an die Kirche wendet, dem kann passieren, dass er enttäuscht wird. Woran liegt das? Beides müsste nun wirklich nicht sein!

Also fragen wir noch einmal. Und die wesentliche Frage lautet: Wie ist Kirche gemeint? Wie versteht sie sich selber?

In der Gesellschaft ist sie – noch, mehr oder weniger – anerkannt als „moralische Instanz". Andere können in ihr nur eine Institution der (bröckelnden) Macht erkennen. Eigentlich aber ist Kirche die Gemeinschaft von Menschen, die den christlichen Glauben leben wollen. Sie ist deshalb der Ort, wo man die größte Chance hat, Gott auch zu finden. Und wenn dieser Gott liebt, rettet, befreit, das Leben erfüllt, ..., dann ist Kirche in erster Linie etwas wunderbar Belebendes für die Menschen! Diesem Ansatz widmet sich ein erster Teil in diesem Buch: **Kirche, die Dir gut tut.**

Und wenn Kirche aus Menschen besteht, die ihre Freude an Gott gefunden haben, wird diese Freude in die Umgebung ausstrahlen. Die Kirchengemeinschaft wird Gottes Tun unter die Menschen bringen, wird dafür sorgen, dass sein wunderbares Handeln wirklich ankommt und gelebt wird. Dann werden Menschen gerettet werden! Davon spricht der 2. Teil: **Kirche und ihr Dienst an der Welt, in der sie lebt.**

Dabei liegt es im Prinzip der Sache, dass es immer die Einen gibt, die einen Dienst in Gottes Namen tun und die Anderen, denen er in Gottes Namen getan wird. Diese Rollen können in permanentem Fluss sein, also gelingt das Ganze im Prinzip nur auf Gegenseitigkeit in einer Art von Netzwerk oder Organismus. In diesem Sinn wahrhaftig Kirche zu sein, dafür wird jedes Glied der Kirchengemeinschaft sich gern mitverantwortlich fühlen: **Verantwortung der glaubenden Getauften.**

Haben Sie solche Kirche, authentische Kirchengemeinschaft schon real kennengelernt? Zwar reibt sich das oft: Kirche, wie sie gemeint ist, und Kirche, wie sie ist. Aber es gibt sie vielfach!

Vielleicht kann dieses Buch Sie neugierig machen und in Ihrer positiven Erwartung bestärken.

HIER!
belegte Brote
für
Durchreisende

Kirche, die dir gut tut

Gelegentlich kann man es erleben: Da findet jemand bei denen, die auf Gott hören, – also in kirchlicher Gemeinschaft – einen so stabilen menschlichen Rückhalt, dass sich daraus eine unverhoffte Wende in seinem Leben ergibt. Andere machen die Erfahrung: Hier darf und kann ich ich selbst sein. Samt meinen Problemen und meinem Versagen. Hier gilt die Freude am Leben als ein Wert, weil sie als Gottes Geschenk anerkannt ist. Oder jemand erlebt in der Kirche die rettende Lösung aus einer ganz praktischen Not. Dann hat sich die Chance des Lebens in Gottes (Herrschaftsbe-)Reich wieder einmal bestätigt!

Und die Menschen dieser Kirche, die das möglich machen? Eigentlich ist es ja so gemeint: Das sind Menschen, die mit Gott selbst Großartiges erlebt haben oder von anderen, denen sie vertrauen, solche Erfahrungen glaubhaft erzählt bekommen haben. So dass sie über Gott nur staunen können und – begierig, Ähnliches wieder zu erleben, und überzeugt von der Richtigkeit dieser Lebensweise – sich der Gemeinschaft der Kirche anschließen, durch deren Dienst sie diese Erfahrungen machen konnten.

Das ist ein Weg geteilter, gemeinsamer Freude. Und sich auf ihn immer wieder neu einzulassen, sich zu engagieren, Zeit und Energie in die anstehenden Schritte zu investieren, das hat nichts mit heldenhaftem Opfersinn oder Hochleistung in Frömmigkeit zu tun, sondern eher schon mit einer neu verstandenen Selbstverwirklichung und Solidarität, in der die Menschen sich reich beschenkt erfahren. Von routinierter und bewusstloser

Kirchentreue, die schlicht zu einem bloßen Anspruchsdenken Gott gegenüber verführen kann, unterscheidet sich ein klar entschiedenes Christsein in der Kirche, wie es eigentlich gemeint ist, grundsätzlich. „Den Retter-Gott ranlassen", das ist dann meine zweite Natur geworden, ist „mein Ding", das werde ich nicht preisgeben!

So ist Kirche. Auch wenn es immer wieder anders aussieht. Und davon sprechen die folgenden Kapitel.

1 Christ sein – das musst du wirklich wollen!

Die Bibel überliefert ein herbes Wort von Jesus:

Viele Menschen begleiteten Jesus; da wandte er sich an sie und sagte: Wenn jemand zu mir kommt und nicht Vater und Mutter, Frau und Kinder, Brüder und Schwestern, ja sogar sein Leben gering achtet, dann kann er nicht mein Jünger sein. Wer nicht sein Kreuz trägt und mir nachfolgt, der kann nicht mein Jünger sein.

Wenn einer von euch einen Turm bauen will, setzt er sich dann nicht zuerst hin und rechnet, ob seine Mittel für das ganze Vorhaben ausreichen? Sonst könnte es geschehen, dass er das Fundament gelegt hat, dann aber den Bau nicht fertig stellen kann. Und alle, die es sehen, würden ihn verspotten und sagen: Der da hat einen Bau begonnen und konnte ihn nicht zu Ende führen.

Oder wenn ein König gegen einen anderen in den Krieg zieht, setzt er sich dann nicht zuerst hin und überlegt, ob er sich mit seinen zehntausend Mann dem entgegenstellen kann, der mit zwanzigtausend gegen ihn anrückt? Kann er es nicht, dann schickt er eine Gesandtschaft, solange der andere noch weit weg ist, und bittet um Frieden.

Darum kann keiner von euch mein Jünger sein, wenn er nicht auf seinen ganzen Besitz verzichtet. (Lukas 14,25-33)

Viele sagen von sich: Ich bin ein Christ. Jesus spricht hier von dem Vorhaben, ein Christ zu sein. Er sagt: Es ist riskant, dieses Vorhaben anzugehen, wenn man sich nicht vorher hinsetzt und Bilanz zieht: Verfüge ich denn auch über die nötigen Mittel, um dieses Vorhaben auszuführen, ein Christ zu sein? – „ein Jünger von Jesus" heißt es hier in der Sprache des Neuen Testaments.

Welcher Katholik oder Protestant hat sich schon hingesetzt und gerechnet, ob seine Mittel reichen, ein Christ zu sein?

Wenn man das Vorhaben gedankenlos angeht: Ja, ich will ein Jünger von Jesus, ein Christ sein, dabei aber übersieht, dass einem die Mittel dafür fehlen, wird man Spott ernten, warnt Jesus: „Guckt mal an, der will ein Christ sein!" Oder er riskiert, schon beim Fundament-Legen es wieder drangeben zu müssen – wie einer, der einen Turm baut und die Mittel dazu gar nicht zur Verfügung hat, also überhaupt nicht bauen kann. Das Scheitern ist vorprogrammiert. Jesus will das nicht. Dabei fällt auf: Jesus sagt nicht: Jeder von euch sollte ein Jünger von mir sein. Nein, fast im Gegenteil: Überlegt es euch gut! Und schaut, ob ihr wirklich die Möglichkeiten dazu habt! Und dann entscheidet euch euren Möglichkeiten entsprechend! Darauf kommt es ihm an. Wenn ihr die Mittel habt, okay: Dann macht euch dran an das Vorhaben und setzt eure Mittel dafür ein! Wenn aber nicht, macht ihr es nur euch und anderen schlimm, wenn ihr so tut, als ob.

Als „Mittel" nennt Jesus hier dreierlei – drei Voraussetzungen, um überhaupt ein Jünger von ihm sein zu ***können***.

Das Erste – für unsere Ohren schlimme Worte: „Wer nicht Vater und Mutter ... und (sogar) sein eigenes Leben gering achtet, der kann nicht mein Jünger sein."

Es ist schwer, etwas, was ursprünglich in aramäischer Sprache gesprochen ist, auf dem Umweg über die uns allein vorliegende griechische Formulierung ins Deutsche richtig zu übersetzen. Beim Bemühen, genau zu übersetzen, dem hier gefolgt ist, leidet unser Verständnis. Denn es ist doch klar: Nie und nimmer wird Jesus uns auffordern, die Menschen, die uns am nächsten stehen, gering zu achten. Das kann gar nicht richtig verstanden sein, wenn wir das so hören.

Ich überspringe jetzt eine sprachliche Erklärung; ich sage es einfach mal anders – zunächst zwar nicht so genau, aber besser verständlich: Mein Jünger sein kann, – zum Beispiel – wer mich höher achtet als Vater, Mutter, ...; wer mich höher achtet sogar als sein eigenes Leben. Jesus lädt immer ein, ihn und jeden Menschen und sich selbst hoch zu achten; schließlich hat Gott selbst die höchste Achtung vor jedem Menschen. Nein, es geht Jesus hier nicht um die Personen an sich, sondern um die Einflüsse, um die Erwartungen, um die Kräfte, die von diesen Personen auf einen Menschen einwirken. Das „Mittel", die Voraussetzung, sein Jünger sein zu können, ist: Ich achte die Erwartungen, die Jesus an mich hat, höher als die Erwartungen, die irgendein Mensch – und sei es der mir am nächsten stehende – an mich hat, ja sogar höher als die Erwartungen, die aus meinem Inneren heraus kommen, um mich in meinem Verhalten zu prägen.

Natürlich will Jesus, dass wir einander lieben und achten. Und er will, dass wir die Menschen unsere Wertschätzung spüren lassen. Aber er ermutigt auch dazu, wenn es drauf ankommt, zu widersprechen, Nein zu sagen, zu widerstehen. Wenn es darum geht, dass die Erwartung, die Jesus an uns hat, das Gegenteil anstrebt.

Wenn wir Christ sein wollen, soll uns das, was von Jesus auf uns zukommt, wichtiger sein: Wertmaßstäbe, Bestrebungen, Kräfte, von denen wir uns beeinflussen lassen, ... Das ist das eine notwendige Mittel, das er nennt.

Ein Zweites: „Wer nicht sein Kreuz trägt und mir nachfolgt, der kann nicht mein Jünger sein." Zum Glück sagt Jesus hier nicht „Wer sich nicht selbst kreuzigen lässt und mir nachfolgt". Er nennt nur „sein Kreuz tragen". Die Bereitschaft dazu ist ein zweites erforderliches Mittel. Da stehen bei uns zwar meistens Vorstellungen im Vordergrund wie etwa das Leid, dass ein mir nahe stehender Mensch gestorben ist; das Leid einer schweren oder nicht mehr heilbaren Krankheit; ... Von Jesus her betrachtet ist „Kreuz" aber viel mehr die Bereitschaft zu dem Konflikt, den das bringt, wenn man sich – in seinem Sinne – den Mitmenschen entgegen stellt, auch dem nächsten, liebsten Mitmenschen. Dieses Kreuz zu tragen bereit sein, und zwar eben in der „Nachfolge", also in dem Bestreben, es zu halten wie er, ihm hinterher zu gehen, als „Anhänger" ihm anzugehören, sich von ihm ziehen zu lassen – in der Orientierung, in maßgeblichen Wertungen, Richtungen.

Ein Drittes nennt Jesus als Mittel, das nötig ist, das man in sich feststellen muss, wenn man sich ehrlich dafür entscheiden will, Christ zu sein: „Keiner von euch kann mein Jünger sein, wenn er nicht auf seinen ganzen Besitz verzichtet." Auf den Besitz verzichten! Auf das, was wir ***haben***. Und wir ***haben*** vieles. Nicht nur Geld, Wohnungseinrichtung, Auto und so weiter. Nein, wir ***haben*** auch Errungenschaften; Standards, die wir uns erarbeitet haben; überhaupt, was wir erreicht haben, etwa auch in unserer Persönlichkeitsentwicklung. Wir ***haben*** unsere Kultur. Wir ***haben*** unsere Identität, unser Selbstverständnis. Wir ***haben*** Standpunkte, Ziele, Absichten, Bestrebungen, Wertungen, Vorurteile, ... Und darauf verzichten, sagt Jesus – dazu bereit sein, das können und es tatsächlich tun. Auch hier wieder im Sinn von „hintanstellen", in der Haltung, es nicht zur Priorität Nummer 1 in Prägung meines Verhaltens werden zu lassen, sondern in erster Linie mich an seinen Maßstäben und seinen Anregungen auszurichten. Wenn ich es so halte, dann schadet auch mein Besitz nicht; er darf mich nur nicht besetzt halten. So meint er dieses dritte „Mittel", von dem man sich fragen muss „Habe ich es denn?" Denn nur dann ist es sinnvoll zu sagen „Ja, ich habe vor, Christ zu sein – ein Jünger von Jesus"!

Es gibt im Neuen Testament ein schönes Beispiel, das das illustriert: Der Apostel Paulus hat einen Mann namens Onesimus getauft und lieb gewonnen. Onesimus ist aber ein davongelaufener Sklave. Er gehört dem Philemon. Philemon ist ein Christ, und Paulus kennt ihn. Paulus schickt jetzt den entlaufenen Sklaven zu seinem Herrn zurück. Das Delikate dabei ist: Der Eigentümer eines Sklaven hatte das Recht, wenn er den entlaufenen Sklaven erwischte, ihn zu töten! Paulus gibt dem Onesimus einen Brief mit. Darin schreibt er:

Ich, Paulus, ein alter Mann, der jetzt für Christus Jesus im

Kerker liegt, ich bitte dich für mein Kind Onesimus, dem ich im Gefängnis zum Vater geworden bin. ... Ich schicke ihn zu dir zurück, ihn, das bedeutet mein eigenes Herz. Ich würde ihn gern bei mir behalten, damit er mir an deiner Stelle dient, solange ich um des Evangeliums willen im Gefängnis bin. Aber ohne deine Zustimmung wollte ich nichts tun. Deine gute Tat soll nicht erzwungen, sondern freiwillig sein. Denn vielleicht wurde er nur deshalb eine Weile von dir getrennt, damit du ihn für ewig zurückerhältst, nicht mehr als Sklaven, sondern als weit mehr: als geliebten Bruder. Das ist er jedenfalls für mich, um wie viel mehr dann für dich, als Mensch und auch vor dem Herrn. Wenn du dich mir verbunden fühlst, dann nimm ihn also auf wie mich selbst! (Philemon 9b-10.12-17)

Man stelle sich das konkret vor: Da kommt der entlaufene Sklave zurück. Sein „Besitzer" sieht ihn zurückkommen. Was geht da in ihm vor? – Wir wissen nicht, wie sich Philemon tatsächlich verhalten hat und ob Onesimus sich überhaupt getraut hat, zu ihm zurückzukehren. Aber nehmen wir es einmal an. Was mag in Philemon vorgegangen sein? „Hah, da ist er wieder! Ich habe das Recht, ihn zu töten!"? Das ***hat*** er von seiner Kultur. Einfluss aus seiner Erziehung, auf ihn einwirkende, verführerische Kraft aus seiner Umwelt. Er kann sein Recht beanspruchen. Auf der anderen Seite aber die entgegengesetzte Kraft, der entgegengesetzte Einfluss: „Nimm ihn als neuen Bruder auf!" Welchem Wertmaßstab wird Philemon den Vorrang geben? Dem Maßstab, der sich aus der Nachfolge Jesu ergibt, wie Paulus es ihm schreibt? Oder dem Maßstab, der gesellschaftlich üblich ist?

Ich möchte ein anderes Beispiel nennen, das ich selbst erlebt habe: Ich hatte lange Zeit unter dem Einfluss von Kultur, Erziehung, Umgebung – wie die Meisten – meine ganz bestimmte Einstellung gegenüber denen, die vielfach als „Penner" bezeichnet werden. Und dann gab es in der Kirchengemeinde das Projekt „Nachbarn in Fechenheim – arm, einsam, ... " Aus den vier Abenden bildeten sich drei Arbeitsgruppen, darunter eine Arbeitsgruppe „Wohnsitzlose" und in der habe ich mitgemacht.

Die Gespräche im Kreis von Gemeindemitgliedern machten es mir möglich, meine eigenen Ängste vor den Anderen auszusprechen und so meine Vorurteile kennen zu lernen. Ich wusste vorher gar nicht, wie stark meine Vorurteile waren, wie viel Angst ich vor diesen Menschen hatte. Und – vor allem – erst im Lauf der Gespräche konnte ich, weil ich mir ja dessen bewusst wurde, das alles in Vergleich zu den Realitäten bringen und so überhaupt erst sehen, wie unsachlich, wie unrealistisch meine Ängste und Vorurteile waren. – Ich konnte es dann ausprobieren.

Auf diesem Weg habe ich ein „Mittel" genutzt: das Miteinander im (Heiligen) Geist, in der „Gemeinschaft der Heiligen", von der Christen im Glaubensbekenntnis als erstes sagen, wir können sie als Vergebung der Sünden erfahren. Ja, das Klima in dieser Gruppe war so, dass ich keine Angst haben musste, als schlechter Christ abgewertet zu werden, obwohl ich doch solche Gedanken aussprach über andere, die ***Menschen*** sind!

Bei der Bilanz der Mittel ist es so wichtig – so habe ich es erfahren – als „Mittel" auch die Gemeinschaft der Getauften einzubeziehen, die Gemeinschaft mit den anderen Christen. Das hat es ***mir*** möglich gemacht – gemäß den mir zur Verfügung stehenden Mitteln – , den Vorrang in dem, was für mein Verhalten maßgeblich war, im Sinn der Nachfolge zu ändern. Was natürlich in die Lage bringt, das „Kreuz" tragen zu müssen. Aber die Solidarität mit den anderen hat so viel Freude gemacht, dabei der Vergleich mit der Realität und dann zu sehen, wie wenig dran ist an meinen Ängsten und Vorurteilen, dass das mit dem Kreuz – mit den Konflikten gegenüber denen, die noch anders denken – einfach unwichtig wurde. Als diese Arbeitsgruppe dann ein Sommerfest mit Wohnsitzlosen vorbereitete[1], gab es in der Nachbarschaft Menschen, die ängstlich waren wie ich. Jetzt konnte ich ihnen, weil ich es ja von mir selbst kannte, gar nicht böse sein. „Ach, jetzt holt der Petrak schon die Penner nach Fechenheim!" und Ähnliches war zu hören, auch reale negative Erfahrungen. Damit positiv umzugehen, dieses „Kreuz" zu tragen fiel jetzt leicht.

Es ist eben etwas Großartiges, wenn das Miteinander mit den

Anderen zur Kraftquelle wird, weil da Heiliger Geist von Jesus wirkt und seine Kraft entfaltet! In einem solchen „Klima" kann ich ruhig zu meinen Unvollkommenheiten stehen, zu meinem Versagen, so dass ich es anschauen und dann solide mich von da aus weiter entwickeln kann. Und dieses Mittel steht in der Gemeinschaft von glaubenden Christen zur Verfügung! An vielen Orten und immer wieder.

Eigentlich hatten wir Jahre davor vor allem mit dem Ziel das Haus mit dem „Treffpunkt" neben der Kirche gebaut, damit es leichter wird, auch persönlich und zwanglos untereinander Kontakte aufzubauen. Damit Chancen wachsen, sich einander anzuvertrauen und ein Klima der Entspannung und Freundschaft oder der gemeinsamen Jüngerschaft Jesu entstehen zu lassen. Etwas, das als wesentliche Ergänzung nach der gemeinsamen Feier der Gottesdienste nötig ist und sich auch als sehr hilfreich erwiesen hat.

Wie kann der und die Einzelne in die Bilanz der Mittel, ob ich ein Jünger von Jesus sein kann, das einbeziehen – die Existenz eines „Treffpunkts" bei der Kirche und die Möglichkeit zur Initiative für dessen gemeinsame Nutzung nach den Gottesdiensten? Eine in der Gemeinde aktive Frau klagte, sie könne das leider nicht: „Ich muss heim. Mein Mann erwartet, dass um 12 das Essen auf dem Tisch steht." Im Gespräch mit ein paar Anderen wurde ihr klar: Es geht um die Bilanz, was für sie Vorrang hat und ob sie dabei das „Kreuz" eines Konfliktes mit ihrem Mann tragen wollte. – Nach dem Tod ihres Mannes war sie dann so viel wie immer nach dem Gottesdienst auch im „Treffpunkt"[2].

Kann ich ein Jünger von Jesus sein? Wenn ja, – die Zusage steht – werde ich die schönere, die bessere Zukunft finden.

In welchem Kraftfeld lebe ich?

„Frei!" Bei diesem Wort schlug mir schon in jungen Jahren das Herz höher. Eigene Entscheidungen treffen und danach mein Leben gestalten! Das stand bei mir von früh an hoch im Kurs.

Und ich hatte schließlich den klaren Eindruck, in diesem Sinne wirklich ein sehr freier Mensch geworden zu sein. Dann kam – mit gut 30 Jahren – das heulende Entsetzen: Bei einer Fortbildung, die die eigene Lebensgeschichte und die Licht- und Schattenseiten der eigenen Persönlichkeit ziemlich unter den Pflug nahm, wurde mir schlagartig klar, zu einem wie hohen Anteil ich meine „freien" Entscheidungen unter diversen Einflüssen von Erziehung und Umgebung getroffen hatte!

Aus meiner Enttäuschung darüber, aus Trauer und Wut ergab sich mir die Konsequenz: Wenn das so ist – und anscheinend auch so weiter gehen wird, will ich wenigstens darauf achten und selber frei (?) entscheiden und verantworten, welchen Einflüssen ich mich aussetze und von welchen Kräften ich mich beeinflussen und prägen lasse!

Die Entscheidung fiel mir nicht schwer: So wie ich Kirche erlebt und verstanden hatte, konnte für mich ein solches Wunsch-Kraftfeld nur ein konkretes Leben in konkreter Kirche sein – gemeinsam mit anderen, die das für sich auch so wollen! Bestärkung darin waren mir das 2. Vatikanische Konzil und die Würzburger Synode, getoppt durch den Brief „meines" Limburger Bischofs Wilhelm Kempf an die Gemeinden des Bistums zur Fastenzeit 1974 „Gemeinden von heute – Gemeinden für morgen", in dem er als Prinzip nannte, alle Gemeinden sollten – wie die Kirche als Ganzes – „Kraftfeld des Geistes Christi" sein und werden.

---

[1] vgl. in meinem Buch „Damit Leben gelingt", Kapitel 8 „Rettende Solidarität mit denen ganz unten" Seite 58ff

[2] vgl. Kapitel 3 „Druck gibt's immer ...", Kontext „Verhinderte Maria", Seite 26

2 Sich immer neu darauf einlassen, statt „wissen wie's geht"

Naaman war ein hohes Tier: Feldherr, General. Von ihm wird in der Bibel anerkennend erzählt. Allerdings war er nicht General des israelischen Heeres, sondern des feindlichen syrischen Heeres.

Dieser große Mann ist krank. Er hat eine schlimme Krankheit, eine Krankheit, die ihn so sehr am Leben hindert, auch am Zusammenleben mit den anderen Menschen, dass er schon geradezu lebendig tot ist. Er hat alles Mögliche versucht, wieder ins Leben zurückzukehren, also gesund zu werden. Er hat alle möglichen Heiler und Medizinmänner besucht, hat allen möglichen Göttern Opfer gebracht. Aber es hat nichts genützt.

Und da taucht in seinem Gefolge ein Sklavenmädchen auf. Man hat es aus Israel auf irgendeinem Feldzug mitgenommen. Und dieses Sklavenmädchen aus Israel sagt: „Ach, wenn doch der Herr zu unserm Gottesmann Elischa gehen könnte!" Sie weiß, das geht eh nicht, aber sie sagt es halt. „Dann würde er gesund werden", sagt sie.

Und das Unmögliche geschieht: Dieser Naaman, entschließt sich tatsächlich, im feindlichen Israel, bei deren Gott, Heilung zu suchen. Natürlich, wie er es gewohnt ist, auf gleichem Niveau – große Leute verkehren mit großen Leuten. Er geht also zu einem hohen Tier nach Israel. Er meint, beim König sei er an der richtigen Stelle. Und als der König das hört – „Was! Er sagt, ich soll ihn gesund machen?!" – , da empfindet er das nicht als vertrauensbildende syrische Maßnahme, sondern der König Israels empfindet das als eine Feindseligkeit: „Der will mich ja nur provozieren! Ich bin doch schließlich kein Gott!" Und er zerreißt seine Kleider. Es fehlt gerade noch, dass er mit Waffen auf ihn losgehen lässt.

Dann hört aber Elischa, dass Naaman aus Syrien tatsächlich beim Gott Israels Heilung sucht. Und da wendet ***er*** sich an ihn, sagt ihm, was er tun soll. Aber einer, der schon so viele große Mühen auf sich genommen hat, um zu erreichen, was ihm wichtig ist, der kann es einfach nicht akzeptieren, dass er nur siebenmal in Wasser untertauchen soll und dass deswegen dann Gott ihn angeblich gesund macht. Nein, etwas so Einfaches kann es ja wohl nicht sein. Und er will sich eigentlich gar nicht drauf einlassen. Aber schließlich sagen sie ihm aus seinem Gefolge: „Tu's doch!" – nach dem Motto „Wenn es nichts nützt, schadet's auch nichts." Die Bibel erzählt weiter:

So ging Naaman, der Syrer, zum Jordan hinab und tauchte siebenmal unter, wie ihm der Gottesmann Elischa befohlen hatte. Da wurde sein Leib gesund wie der Leib eines Kindes und er war rein von seinem Aussatz. Nun kehrte er mit seinem ganzen Gefolge zum Gottesmann zurück, trat vor ihn hin und sagte: Jetzt weiß ich, dass es nirgends auf der Erde einen Gott gibt außer in Israel. So nimm jetzt von deinem Knecht ein Dankgeschenk an! Elischa antwortete: So wahr der Herr lebt, in dessen Dienst ich stehe: Ich nehme nichts an. Auch als Naaman ihn dringend bat, es zu nehmen, lehnte er ab. Darauf sagte Naaman: Wenn es also nicht sein kann, dann gebe man deinem Knecht so viel Erde, wie zwei Maultiere tragen können; denn dein Knecht wird keinem andern Gott mehr Brand- und Schlachtopfer darbringen als Jahwe allein. (2 Könige 5,14-17)

Jahrhunderte später greift Jesus ausdrücklich auf Naaman als Beispiel zurück und sagt (vgl. Lukas 4,27): Damals, in diesem „gläubigen" Volk Israel, da gab es so viele Aussätzige! Aber Heilung gefunden hat nur der Syrer Naaman. Der Ausländer. Der Andersgläubige. In den Evangelien – speziell bei Lukas – taucht dieses Motiv immer wieder auf:

Auf dem Weg nach Jerusalem zog Jesus durch das Grenz-

gebiet von Samarien und Galiläa. Als er in ein Dorf hineingehen wollte, kamen ihm zehn Aussätzige entgegen. Sie blieben in der Ferne stehen und riefen: Jesus, Meister, hab Erbarmen mit uns! Als er sie sah, sagte er zu ihnen: Geht, zeigt euch den Priestern! Und während sie zu den Priestern gingen, wurden sie rein. Einer von ihnen aber kehrte um, als er sah, dass er geheilt war; und er lobte Gott mit lauter Stimme. Er warf sich vor den Füßen Jesu zu Boden und dankte ihm. Dieser Mann war aus Samarien. Da sagte Jesus: Es sind doch alle zehn rein geworden. Wo sind die übrigen neun? Ist denn keiner umgekehrt, um Gott zu ehren, außer diesem Fremden? Und er sagte zu ihm: Steh auf und geh! Dein Glaube hat dir geholfen. (Lukas 17,11-19)

Auch hier wieder ein Fremder und Ungläubiger, der als Vorbild vor Augen gestellt wird! Jesus provoziert seine Umgebung geradezu systematisch mit einer Serie von Menschen, die sich gar nicht normgerecht verhalten, die er aber als nachahmenswerte Beispiele hinstellt: die „Sünderin" beim Pharisäer Simon (Lukas 7,36-50), der „barmherzige Samariter" (Lukas 10,25-37), „manche Letzte" aus Ferne und Fremde (Lukas 13,22-30), die „Zöllner und Sünder" (Lukas 15,1-32), den „unehrlichen Verwalter" (Lukas 16,1-8), ... Da könnte man als der Kirche verbundener Christ schon stöhnen: Lieber Jesus, kannst du nicht mal aufhören, immer nur die Fremden und die Ungläubigen und die Abweichler als Vorbilder hinzustellen?! Kannst du nicht auch mal die Treuen loben, die immer dabei gewesen sind?![1]

Warum redet aber Jesus so? Worauf will er aufmerksam machen? Was macht denn Naaman? Und was macht der geheilte Aussätzige aus Samarien? Was ist ihnen gemeinsam?

Jesus macht werbend auf Menschen aufmerksam, die immer noch hoffen, dass das Leben heil werden kann, und die das Gott zutrauen. Diesem Gott! Er stellt sie als Beispiele glücklicher Menschen hin, die aufhören, den sinnlosen „Götzen des Todes" sinnlose Opfer zu bringen. Naaman sagt ja: Ich habe jetzt den wirklichen Gott erkannt! Jetzt noch diesen und jenen Göttern opfern?! Nein, ich widersage, ich sage Nein dazu, ich opfere keinem mehr, nur noch dem einen, dem Gott Israels!

Nun, diese Geschichte ist schon etwa 2600 Jahre alt. Aber sind wir in unserer „modernen" Zeit schon so weit fortgeschritten wie der Syrer Naaman?? Zwar klingt es modernen Menschen eher belustigend in den Ohren, wenn man sagt, sie seien Götzenanbeter. Man sollte besser davon erst gar nicht reden, um nicht belächelt zu werden. Aber wenn Menschen nicht wollen, dass über etwas geredet wird, ist ja vielleicht der Grund, dass es sie kränkt oder dass sie Angst davor haben, weil irgendeine tabuisierte Wahrheit darin angesprochen wird. Und ich denke wirklich, dass unsere ach so moderne Zeit in der ganz primitiven Art der Götzenanbetung gefangen ist wie eh und je. Götzenanbetung samt allem Opferkult. Uns Christen eingeschlossen. Man braucht nur an die Vielfalt neuzeitlicher „Opfer" zu denken – angefangen bei den Unfallopfern im Straßenverkehr über die Opfer dieser und jener Krise bis hin zu den Kriegsopfern. Und „dies und das" verlangt halt seine Opfer. Und dies und das „muss halt sein". Da muss man halt seinen Preis bezahlen, sagen wir. Auch wir Christen. Opfer. – Wenn man weiß, worauf es einem ankommt, „dann bringt man auch Opfer dafür". Ja, und das, worauf es einem ankommt, ist eben dies und jenes, dieser und jener Götze. Aber dieser typische Mensch der modernen Welt von vor 2600 Jahren und der modernen Welt von heute – Naaman – muss die Erfahrung machen: Es bringt nichts. Es bringt nichts, allen möglichen Göttern Opfer zu bringen – und schon gar nicht, Menschenopfer zu bringen. Natürlich meinen manche, man habe nur zu geizig geopfert, man müsse noch mehr Menschen opfern, zum Beispiel Menschen in den Entwicklungsländern opfern, ihnen noch weniger Geld und Entfaltungsmöglichkeiten belassen, damit mehr Geld hier übrig bleibt, um alles Mögliche zu bezahlen.

Naaman aber hat das Gegenteil erfahren – dieser fremde Ungläubige. Und der eine fremde Ungläubige aus Samarien hat ebenso das Gegenteil erfahren, hat erlebt: Der eine Gott heilt und rettet wirklich!

Herr Düll – ein „Fremder", der „glaubte"?

Unregelmäßig oft klingelte Herr Düll an der Pfarrhaustür für ein belegtes Brot und einen Becher Kaffee. Stockend brachte er kaum ein Wort heraus. Dann brach ein entwaffnendes Lachen aus seinem Gesicht hervor: „Ich hab wieder mal Hunger." Gleich darauf zum Überlaufen volle Augen und schweres Atmen. „Von der Stütze hatte ich noch 10 Mark. Aber die hat der Günter gebraucht. Dem ging es doch so dreckig. Da hab ich sie ihm halt gegeben. ..." Und er riskierte die Kündigung seines Zimmers im Männerwohnheim, weil er „für ein paar Tage" den Günter bei sich aufgenommen hatte. „Der lag auf der Straße. Und das bei der Kälte. Den konnte ich doch nicht draußen liegen lassen!"

Sein Zimmer war ein Chaos. Aber Menschen, die noch schlimmer dran waren als er, bekamen immer einen Platz bei ihm. – Krankhafte, unverantwortliche Naivität? Oder vertrauensvoller „Glaube"? – Sehr fremd jedenfalls. Sein Verhalten hat mich immer wieder in Frage gestellt.

---

[1] Die Kirche will sich aber diesem Phänomen durchaus stellen: In fast schon penetrant wirkender Serie wählt die katholische Leseordnung als Evangelium für die Gottesdienste im „Lesejahr C" (für 2010 und weiter im 3-Jahres-Turnus) diese Beispiele für den 11., 15., 21., 24. und 25. Sonntag im Jahreskreis aus.

3 Druck gibt's immer. Gönn dir das Not-Wendige!

[Jesus und seine Jünger] *zogen zusammen weiter und er kam in ein Dorf. Eine Frau namens Marta nahm ihn freundlich auf. Sie hatte eine Schwester, die Maria hieß. Maria setzte sich dem Herrn zu Füßen und hörte seinen Worten zu. Marta aber war ganz davon in Anspruch genommen, für ihn zu sorgen. Sie kam zu ihm und sagte: Herr, kümmert es dich nicht, dass meine Schwester die ganze Arbeit mir allein überlässt? Sag ihr doch, sie soll mir helfen! Der Herr antwortete: Marta, Marta, du machst dir viele Sorgen und Mühen. Aber nur eines ist notwendig. Maria hat das Bessere gewählt, das soll ihr nicht genommen werden.* (Lukas 10,38-42)

So mancher Hausfrau sehr vertraut: Diese Marta setzt den gesamten Haushalt in Bewegung und bietet auf, was das Haus zu geben hat. Der Evangelist nennt es: Sie bewirtet Jesus freundlich. Und Maria, ihre Schwester, lässt sie mit der Arbeit allein, weil sie alle Aufmerksamkeit Jesus schenkt und dem, was er sagt. Selbstverständlich bringt das Probleme, und die eifrige Marta versucht, in Jesus einen Schlichter zu ihren Gunsten zu finden.

Jesus sagt zu Marta – nicht tadelnd, eher anerkennend, verstehend: „Du machst dir viele Sorgen und Mühen.“ Viele. Und der Evangelist sagt: Sie war von ihren vielen Sorgen und Mühen ganz in Anspruch genommen. Jesus weist sie darauf hin: Gegenüber dem vielen, worum sie sich sorgt und müht, ist nur eines, was Not wendet, „Not-wend-ig“, „das Bessere“: sich mit ganzer Aufmerksamkeit ihm zuwenden und auf ihn hören, um daraus dann die Dinge neu zu sehen.

Dazu kommt mir in den Sinn, wie das ist, wenn wir uns zum Gottesdienst versammeln. Die dabei einen persönlichen Dienst tun, klagen manchmal, dass sie ganz von ihrem Lektoren- oder Kantorendienst oder auch vom Dienst als Ministrant in Anspruch genommen sind. Immer wieder beschäftigt sie so sehr die Sorge, im richtigen Augenblick alles gut zu tun, dass sie gar nicht richtig aufmerksam sein können für das, was in der Feier eigentlich geschieht; dass sie für die Zusammenhänge und für den darin gegenwärtigen Christus nicht aufmerksam sein können. Sie sind ganz davon in Anspruch genommen, den Dienst zu tun. Dem stellt Jesus die andere Haltung gegenüber, die „Not-wendige": aufmerksam sein für ihn, für das, was er sagt; für das, was er tut.

Wenn wir versuchen, beides zusammenzubringen, dann hätte es vielleicht die Konsequenz, dass Maria ***und*** Marta zu seinen Füßen sitzen – und irgendwann eine von beiden denkt: Oh, es wäre gut, ihm jetzt ein Glas Wasser zu bringen; und dann aufsteht und es holt. – So wie es für manchen Gast ja viel schöner wäre, die Gastgeberin würde mit am Tisch sitzen, als dauernd sie hinausrennen zu sehen, um wieder für alles Mögliche zu sorgen und sich zu mühen.

Aber die Meinung ist weit verbreitet: „Ein Christ sein, das heißt: Gutes tun, hilfsbereit sein, Nächstenliebe praktizieren." Das ist allgemein-gesellschaftlicher Konsens im Verständnis von Christsein. Auch die Kirche hat es den Menschen so anerzogen – über lange Zeitstrecken hinweg. Sie hat die Gebote in den Vordergrund gestellt: Du musst, du darfst nicht, du sollst und so weiter. Sie selbst hat auf diese Weise dazu beigetragen, dass es heute bei Vielen ein unschönes Image hat, Christ zu sein: Es sieht anstrengend und mühsam aus und häufig miesepetrig.

Jesus macht aufmerksam für das „Bessere", wie Maria es hier hält: Du sollst leben, menschenwürdig leben und erfüllt und frei leben! Das ist Gottes Einladung an alle. Er lädt ein: Wir sollen bekommen, empfangen. Ein zentrales Wort in der Kirche war doch immer das Wort „Gnade", also: Geschenk. Was Gott tut, ist Geschenk. Und ***er*** ist es, der handelt, der rettet, der befreit. Wir sind zuerst die, – und das hat Maria verstanden – , die sich ansprechen lassen und sich beschenken und sich retten lassen. „Not-wendig" ist, sich von ihm beschenken zu lassen! Erst im zweiten Schritt hat er alle, die sich von ihm reich beschenkt sehen und darüber „Heil"-froh sind, zum gemeinsamen Dienst in dem berufen, was sie jetzt ja selber wertschätzen und ***wollen***! Dem wissen sie sich dann auch „verpflichtet" – in einer Pflicht, die von innen heraus kommt. Nicht weil man es im Kopf verstanden hat, ja gar weil man meint, es sei besser, dem, der da so herrscht, zu gehorchen. – Nein: Weil man es erlebt hat und weil es einen drängt, das zu wollen. – Maria lässt sich das gefallen.

Verhinderte Maria

Eigentlich waren wir uns ja einig geworden: Es wäre schön, nach dem Gottesdienst noch etwas beisammen zu bleiben – an der Theke oder am Tisch im Gemeindezentrum oder auf der Wiese – bei einem Kaffee oder einem Glas Wein ... – einfach um miteinander zu reden oder auch um die eine oder andere Bemerkung zum Gottesdienst oder zur Predigt auszutauschen, während die Kinder unten oder draußen spielten oder sich in der Bücherei etwas zum Lesen aussuchten. Das war eine lebendige Ergänzung zu der doch ein wenig einseitigen Art der „Gemeinschaft" im Gottesdienst.

Viele von uns gab es, die dabei andere vermissten, weil sie nach dem Gottesdienst schnell verschwanden. Frau S., eine der Aktiven, mit der manche gerne mehr persönlichen Kontakt gehabt hätten: „Ja, sicher ist es schön, mit den anderen noch zusammenzusitzen, und ich möchte es auch gerne. Aber ich muss nach dem Gottesdienst nach Hause. Mein Mann erwartet, dass um 12 Uhr das Essen auf dem Tisch steht."

Zwei Seelen ... ach ... – Als sich ihre Lebensumstände änderten, war Frau S. Jahre später regelmäßig dabei.

4 Ich werden – durch Schrecken, aber mit Zukunft

Wissen Sie, wer Sie sind? Könnten Sie das mit ein paar Worten so richtig umfassend und deutlich sagen: ***wer*** Sie sind?

Tief, kräftig sitzt in mir die Sehnsucht: Ich will Ich sein! Also auch: Ich will wissen, wer ich bin und entsprechend leben können! Jeder Mensch will das.

Und Gott will das für uns – für jeden Menschen! Ich bin sicher: Er will uns darauf hin ansprechen. Richten wir diese Frage also an ihn: Gott, wer bin ich?

Sehr oft bekommt ja der moderne Mensch aus allen möglichen Richtungen her gesagt, wer er angeblich sei. Wir ziehen uns diese uns vorgesetzten Schuhe ganz schnell an und merken immer wieder erst im Nachhinein: Man ist sich selbst fremd geworden. Schnell haben wir uns von uns selber losgelöst, entfremdet, abge-„sond"-ert, also uns an uns selber ver-„sünd"-igt – und damit natürlich auch an dem Gott versündigt, der will, dass wir zu uns selber kommen.

Ja, wer bin ich?! – Es gibt anscheinend Augenblicke im Leben – wie ein ermutigender Rippenstoß – , mich doch dieser Frage zu stellen. Dichte, verdichtete, symbolträchtige Momente, die mich überrumpeln, an deren Ausgang ich besser weiß als vorher, wer ich bin. Nehmen wir drei Beispiele aus der Bibel: Jesaja, Paulus und Simon Petrus:

Jesaja erzählt:

Im Todesjahr des Königs Usija sah ich den Herrn. Er saß auf einem hohen und erhabenen Thron. Der Saum seines Gewandes füllte den Tempel aus. Serafim standen über ihm. Sie riefen einander zu: Heilig, heilig, heilig ist der Herr der Heere. Von seiner

Herrlichkeit ist die ganze Erde erfüllt. Die Türschwellen bebten bei ihrem lauten Ruf und der Tempel füllte sich mit Rauch. Da sagte ich: Weh mir, ich bin verloren. Denn ich bin ein Mann mit unreinen Lippen und lebe mitten in einem Volk mit unreinen Lippen und meine Augen haben den König, den Herrn der Heere, gesehen. Da flog einer der Serafim zu mir; er trug in seiner Hand eine glühende Kohle, die er mit einer Zange vom Altar genommen hatte. Er berührte damit meinen Mund und sagte: Das hier hat deine Lippen berührt: Deine Schuld ist getilgt, deine Sünde gesühnt. Danach hörte ich die Stimme des Herrn, der sagte: Wen soll ich senden? Wer wird für uns gehen? Da antwortete ich: Hier bin ich, sende mich! (Jesaja 6, 1-2a.3-8)

Und von Paulus (ursprünglich Saul oder Saulus) heißt es:

Saulus wütete ... mit Drohung und Mord gegen die Jünger des Herrn. Er ging zum Hohenpriester und erbat sich von ihm Briefe an die Synagogen in Damaskus, um die Anhänger des neuen Weges, Männer und Frauen, die er dort finde, zu fesseln und nach Jerusalem zu bringen. Unterwegs aber, als er sich bereits Damaskus näherte, geschah es, dass ihn plötzlich ein Licht vom Himmel umstrahlte. Er stürzte zu Boden und hörte, wie eine Stimme zu ihm sagte: Saul, Saul, warum verfolgst du mich? Er antwortete: Wer bist du, Herr? Dieser sagte: Ich bin Jesus, den du verfolgst. Steh auf und geh in die Stadt; dort wird dir gesagt werden, was du tun sollst. Seine Begleiter standen sprachlos da; sie hörten zwar die Stimme, sahen aber niemand. Saulus erhob sich vom Boden. Als er aber die Augen öffnete, sah er nichts. Sie nahmen ihn bei der Hand und führten ihn nach Damaskus hinein. Und er war drei Tage blind und er aß nicht und trank nicht. In Damaskus lebte ein Jünger namens Hananias. Zu ihm sagte der Herr in einer Vision: ... Steh auf und geh zur sogenannten Geraden Straße und frag im Haus des Judas nach einem Mann namens Saulus aus Tarsus. ... Hananias antwortete: Herr, ich habe von vielen gehört, wie viel Böses dieser Mann deinen Heiligen in Jerusalem angetan hat. .... Der Herr aber sprach zu ihm: Geh nur! Denn dieser Mann ist mein auserwähltes Werkzeug: Er soll meinen Namen vor Völker und Könige und die Söhne Israels tragen. Ich werde ihm auch zeigen, wie viel er für meinen Namen leiden muss. Da ging Hananias hin und trat in das Haus ein; er legte Saulus die Hände auf und sagte: Bruder Saul, der Herr hat mich gesandt, Jesus, der dir auf dem Weg hierher erschienen ist; du sollst wieder sehen und mit dem Heiligen Geist erfüllt werden. Sofort fiel es wie Schuppen von seinen Augen und er sah wieder; er stand auf und ließ sich taufen. Und nachdem er etwas gegessen hatte, kam er wieder zu Kräften. Einige Tage blieb er bei den Jüngern in Damaskus; und sogleich verkündete er Jesus in den Synagogen und sagte: Er ist der Sohn Gottes. Alle, die es hörten, gerieten in Aufregung und sagten: Ist das nicht der Mann, der in Jerusalem alle vernichten wollte, die diesen Namen anrufen? … (Apostelgeschichte 9,1-22)

Und als drittes Beispiel Simon Petrus:

Als Jesus am Ufer des Sees Gennesaret stand, drängte sich das Volk um ihn und wollte das Wort Gottes hören. Da sah er zwei Boote am Ufer liegen. Die Fischer waren ausgestiegen und wuschen ihre Netze. Jesus stieg in das Boot, das dem Simon gehörte, und bat ihn, ein Stück weit vom Land wegzufahren. Dann setzte er sich und lehrte das Volk vom Boot aus. Als er seine Rede beendet hatte, sagte er zu Simon: Fahr hinaus auf den See! Dort werft eure Netze zum Fang aus! Simon antwortete ihm: Meister, wir haben die ganze Nacht gearbeitet und nichts gefangen. Doch wenn du es sagst, werde ich die Netze auswerfen. Das taten sie, und sie fingen eine so große Menge Fische, dass ihre Netze zu reißen drohten. Deshalb winkten sie ihren Gefährten im anderen Boot, sie sollten kommen und ihnen helfen. Sie kamen und gemeinsam füllten sie beide Boote bis zum Rand, sodass sie fast untergingen. Als Simon Petrus das sah, fiel er Jesus zu Füßen und sagte: Herr, geh weg von mir; ich bin ein Sünder. Denn er und alle seine Begleiter waren erstaunt und erschrocken, weil sie so viele Fische gefangen hatten; ebenso ging es Jakobus und Johannes, den Söhnen des Zebedäus, die mit Simon zusammenarbeiteten. Da sagte Jesus zu Simon:

Fürchte dich nicht! Von jetzt an wirst du Menschen fangen. Und sie zogen die Boote an Land, ließen alles zurück und folgten ihm nach. (Lukas 5,1-11)

„Als Simon Petrus das sah, ..." – Warum, was hat er gesehen? Wenn er erzählen wollte, was er gesehen hat, würde er es vielleicht mit den alten Worten des Propheten Jesaja sagen: Ich sah den Herrn!

Jedenfalls bricht sein ganzes Bild zusammen, das er sich bisher von seinem Leben gemacht hat.

Nehmen wir an: In Ihrem Beruf, in dem Sie Ihre Fähigkeiten haben und kompetent sind, haben Sie bei einer Aufgabe alle Mühe eingesetzt, sind aber ohne Erfolg geblieben. Da kommt plötzlich ein Anderer, der nichts davon versteht, und sagt zu Ihnen: „So musst du es machen!" Und falls Sie seiner Anregung folgen und dann tatsächlich die Erfahrung machen: der, der sich überhaupt nicht auskennt, hat mir einen Tipp gegeben und damit hat es geklappt, wo ich doch selber mit meiner ganzen Fachkundigkeit vorher gescheitert war!? Da wissen Sie nicht mehr, was Sie von sich denken sollen; da wissen Sie nicht mehr, wer Sie sind. Simon Petrus macht eine solche Erfahrung: Und darin – in der Begegnung mit Jesus – „sieht" er Gott.

Wie das geht und unter welchen Begleitumständen? – Vorsicht: Das ist alles andere als eine unterhaltsame Freizeit-Aktivität. Es geht ans Eingemachte. Wie gesagt: Das eigene Selbstbildnis bricht zusammen. Und außerdem – was der Evangelist erzählt, ist eine Grenzsituation: Sie „gingen fast unter". Jesaja sagt: „Weh mir, ich bin verloren!" Simon Petrus: „Herr, geh weg von mir: Ich bin ein Sünder." Das geht nicht, dass du mir so nahe kommst! – Er ist total durcheinander. Es sieht so aus, als hätte er sich verloren.

„Weh mir, ich bin verloren!" Ich erschrecke, wenn ich mir vorstelle, eine mit welchem Schmerz verbundene Erfahrung bei Jesaja gemeint ist: Der Seraph berührt seine Lippen mit der glühenden Kohle, die er sich selber vom Leibe hält, indem er sie mit einer Zange anfasst! – Die Versuchung drängt sich auf, etwas so Fremdartiges zur Seite zu schieben oder es zu verharmlosen! – Die Erfahrung, die Simon, Jesaja und Paulus machen – die vielleicht jeder macht, der sich der Begegnung mit Gott wirklich stellt – , beschreibt Jesaja in seiner Vision mit dem Bild, dass glühende Kohle seine Lippen berührt! Und bei Paulus, der davon erzählt, wie er zum Apostel berufen worden ist, heißt es: Das hat ihn erst einmal das Augenlicht gekostet.

Anscheinend geht es in dieser Erfahrung auch um etwas, das über den menschlichen Verstand hinaus geht. Jesaja kann gerade ab dem Moment, wo er – nicht nur wie wir das manchmal so harmlos sagen: „sich den Mund verbrannt hat", – wo er den Mund verbrannt bekommen hat! – gerade ab da kann er plötzlich etwas äußerst Sinnvolles reden! Er findet in den Worten, mit denen er Gott antwortet, zu dem, was er ist! Er findet sich selber neu, er kommt zu sich!

Und Simon Petrus, der gemeinsam mit den Anderen fast unterging und dessen Leben hier im Grunde total zusammenbricht, – er findet gerade dadurch neu zu seiner Identität. Und Paulus bezeugt von seiner Erblindung: Sie hat – sehr heilsam – ihn dazu gebracht, dass er erst richtig sehen konnte; dass sein Leben, sein eigentliches Leben, erfülltes Leben für ihn gerade da begann!

Eine – unvermeidbare – Vorstufe dazu findet in der Lebensgeschichte eines jeden Menschen statt – mehr oder weniger heftig: die Revolution in den Jahren der Pubertät, wenn der junge Mensch sich löst von dem Bild, das die Eltern sich von ihm gemacht hatten, und zu seinem eigenständigen Ich kommen muss. Oft sehr schmerzhaft, dieses Zu-sich-selber-kommen.

Vielleicht damit vergleichbar und mit Hilfe dieses Vergleichs ein wenig besser vorstellbar ist, was mit den Beispielen von Jesaja, Paulus und Petrus von der – altersunabhängigen – Chance der Ich-Findung in der Begegnung mit Gott gesagt wird; von dem, was wir sind und wie wir zu uns kommen können – wenn auch mit Angst, mit Erschrecken, mit Schmerzen.

Alles das wollen wir aber nicht. So ziehen es viele vor, angepasst an den „mainstream" sich ihr Leben durch andere definieren zu lassen, statt – mühsam, aber authentisch – sich selber zu suchen mit der Frage: Wer bin ich? Kein Wunder, dass wir uns so fremd bleiben, dass viele Menschen nie zu sich finden.

Es gibt Menschen, die „gönnen" sich die Stunde Gottesdienst am Sonntag mit der Erwartung, im Kontrast zum allgemeinen Funktionierenmüssen hier „zu sich selber kommen zu können". Sie spüren da vielleicht eine Wirklichkeit, die in der Kirche von alters her tatsächlich so angelegt ist: In (fast) allen christlichen Traditionen gehört zum Gottesdienst der Ruf der Engel aus der Jesaja-Erzählung: „Heilig, heilig, heilig ist Gott, der Herr der Heere!" Im Bewusstsein der meisten Christen – jedenfalls in unseren Breiten – ist das leider zu einem von vielen „Liedern" geworden, die im Gottesdienst gesungen werden (das man dann natürlich auch durch ein ähnliches oder anderes problemlos ersetzen kann). Aber sein Stellenwert wird zum Beispiel in der katholischen Eucharistiefeier klar benannt: Dieser Ruf wird im großen Lob- und Dankgebet („Hochgebet") als dessen Bestandteil (!) immer eingeführt durch Worte wie „Darum preisen dich deine Erlösten und vereinen sich mit den Chören der Engel zum Hochgesang von deiner göttlichen Herrlichkeit: Heilig, heilig, heilig ..." Da wird also die Gott anbetende Versammlung zu dem Ort, an dem das geschieht, was Jesaja von seiner Begegnung im Tempel bezeugt, durch die er „zu sich kam".

Irgendwann einmal hatte ich das ein wenig verstanden. Seither, um mich daran zu erinnern, dass die Eucharistiefeier dieser Ort ist, hab ich mir ganz persönlich angewöhnt, mich zum Ruf des Dreimal-Heilig tief zu verneigen. Und oft schon hat mir diese Angewohnheit dazu verholfen, mir inne zu werden, wo eigentlich ich da bin – mit den anderen zusammen.

Immer wieder neu bietet Gott diese Begegnung mit ihm an, damit ich mein Ich finde.

In der Begegnung mit anderen Menschen - und besonders intensiv in der Begegnung mit einem liebenden und geliebten Menschen – lernt man sich ja selber kennen. Gott ist ***das*** große liebende Du, das sich konkret in der Kirche und in ihrem Gottesdienst anbietet, damit wir zu unserem Ich kommen. Die vielen Vereinzelten, die wir sind, – so oft in Traurigkeit und Enttäuschung und Entfremdung – sammelt er zusammen: vor dieses Du, bei dem wir zum Ich werden können. Hier ist die Chance, zur tiefen Erfahrung des Lebens zu kommen, die dann dazu führt – wie könnte es anders sein – seine Herrlichkeit anzubeten, seine Größe, die mit dem alten, alttestamentlichen Wort immer wieder genannt wird „der Herr der Heere". Nehmen wir es ganz wörtlich, um zu verstehen, was gemeint ist: die Heere – früher sagten wir „die Heerscharen". Ja, alle Armeen dieser Welt zusammen sind gemeint. Gott ist noch Herr darüber, noch mächtiger sogar als alle militärischen Mächte, also in seinen Möglichkeiten noch zuverlässiger, um etwas zu erreichen. Und was er erreichen will, ist: dass wir leben – und nicht nur irgendwie, sondern dass wir zu unserem jeweils eigenen Leben finden. Dadurch dass wir miteinander sein „Volk" sind, in dem das möglich wird: seine Kirche.

5 Du darfst klagen. Du wirst geheilt werden. Bleib offen!

Klage, Angst, Tränen, Not, Elend – was immer man sich mit solchen Worten vorstellen kann und an Eigenem mitbringt – Inbegriff davon ist der Ijob des Alten Testaments: Schlag auf Schlag nacheinander werden ihm die Rinderherde und die Kamele gestohlen und dazu die Knechte erschlagen. Seine Schafherde kommt im Gewitter um samt den Hirten. Ein Sturm zerstört das Haus, in dem seine Söhne und Töchter gemeinsam ein Fest feiern, und begräbt sie alle unter sich. Und dazu noch breiten sich bösartige Geschwüre über seinen ganzen Körper aus von der Fußsohle bis zum Scheitel. Alles hat er verloren: von der Familie über seinen Besitz bis hin zur Gesundheit. – Und Gott??? – „Man muss halt zufrieden sein"???

Ijob ergriff das Wort und sprach: Ist nicht Kriegsdienst des Menschen Leben auf der Erde? Sind nicht seine Tage die eines Tagelöhners? Wie ein Knecht ist er, der nach Schatten lechzt, wie ein Tagelöhner, der auf den Lohn wartet. So wurden Monde voll Enttäuschung mein Erbe und Nächte voller Mühsal teilte man mir zu. Lege ich mich nieder, sage ich: Wann darf ich aufstehn? Wird es Abend, bin ich gesättigt mit Unrast, bis es dämmert. Schneller als das Weberschiffchen eilen meine Tage, der Faden geht aus, sie schwinden dahin. Denk daran, dass mein Leben nur ein Hauch ist. Nie mehr schaut mein Auge Glück. (Ijob 7,1-4.6-7)

Und zu diesem Abschnitt aus der Bibel hat die (katholische) Kirche für den Sonntagsgottesdienst, in dem er als Lesung verkündet wird[1], als Antwort den Psalmgesang vorgesehen:

Gut ist es, unserm Gott zu singen; schön ist es, ihn zu loben ... Er heilt die gebrochenen Herzen und verbindet ihre schmerzenden Wunden ... Groß ist unser Herr und gewaltig an Kraft, unermesslich ist seine Weisheit. Der Herr hilft den Gebeugten auf ... (Psalm 147, 1-6)

Was für eine extreme Spannung zwischen dem Elend des Ijob und dem als Antwort vorgesehenen Lob- und Dankpsalm! – Viele Menschen kamen schon mit Not im Herzen zum Gottesdienst und es fiel ihnen dann schwer, sich einem Lobgesang anzuschließen. Das ist eine typische Spannung, in der Christen stehen. Deutlich zu erleben ist sie zum Beispiel bei einer Begräbnismesse: Da ist gerade einer gestorben und dann heißt es am Beginn des Hochgebets: „In Wahrheit ist es würdig und recht, dir, ... Gott, immer und überall zu danken ..." Viele können das nicht. Vielleicht können wir es alle nicht, wenn wir wirklich tief drinnen stecken. Und trotzdem wird uns das zugemutet. Regt sich da nicht Protest?

Manche weichen der Spannung aus, indem sie versuchen, das eigene Elend – das eigene Elend! – zu verleugnen. Damit sie nur ja nicht unfromm da stehen oder als undankbar gegen Gott. Sicher – manchen gelingt es ja tatsächlich, obwohl sie schwer beeinträchtigt sind, sich wirklich an jedem neuen Tag zu freuen und Gott dankbar zu sein. Aber manche versuchen, sich dazu zu zwingen, und auf diese Weise lassen sie Gott gar nicht mehr an ihre eigene Realität heran. Sie lassen ihn dann sozusagen nur noch bis einen Meter vor sich ran; nur bis zu der Maske, mit der sie lächeln, obwohl es ihnen dreckig geht.

Die Bibel selber und auch die Kirche in ihrer Art, Bibelabschnitte auszuwählen und in Gottesdiensten zu kombinieren, legen uns ein anderes „Verfahren" vor:

Ijob: Er klagt. Zu Recht. Und seine Klage schließt er mit dem Satz: *„Denk daran, dass mein Leben nur ein Hauch ist."* Wer soll daran denken? Natürlich Gott. Mit seinem Elend, das er nicht ver-harmlost, sondern in voller Schärfe benennt, vertraut er sich Gott an: „Denk daran!" Und sozusagen um das i-Tüpfelchen noch draufzusetzen und Gott vor Augen zu halten, wie schlimm er am Ende ist, fügt er an: *„Nie mehr schaut mein Auge Glück."*

„Nie mehr ...!" Dieses Wort atmet Grauen. Nie mehr glücklich sein. Das fürchten viele. Wenn sie sich trauen, sich ein solches Risiko überhaupt bewusst einzugestehen. Und sie alle – Ijob von damals und von heute – dürfen sich einfinden, wo Gottes eigene Nähe und liebende Zuwendung sich vermitteln will: Sie sind im Gottesdienst glaubender Gemeinschaft willkommen, ja sie sind sogar vorrangig in der Einladung dazu gemeint.

Warum sollte ich dem trauen? Zumal bei so wenig Feingefühl, mit dem einem solchen Ijob-Text gleich ein Psalm mit frohem Lob Gottes angeschlossen wird!

In der Tat: Vertrauen braucht es dafür. Es aufzubringen, ist alles andere als selbstverständlich. Beide Seiten können sich darum bemühen, vor allem jene Beteiligten, deren Fähigkeit zum Vertrauen im Moment nicht durch Schicksalsschläge oder Anderes belastet ist. Und wenn das Vertrauen gelingt und transparent wird für die vertrauensvolle Beziehung zu Gott, dann gehen Türen auf: Dann kann vielleicht „Ijob", der diese Worte auf sich einwirken lässt, die Kombination von Feingefühl und Zumutung spüren, die ihn wahrnimmt und auffängt. Dann fällt ihm vielleicht auf, dass der frohe Lobpsalm gar nicht unvermittelt an die Worte mit Ijobs Elend anschließt: Der Kehrvers (die „Antiphon"), der den Psalmversen vorangeht und sich dann wiederholt mit ihnen abwechselt, bietet sich als Brücke an, über die man sich zur hoffenden Perspektive herantastet – im Hören des Gesangs der Anderen und im Versuch, sich selber mit hineinzusingen: „Der Herr hat uns befreit!" Natürlich ist gemeint: aus all diesem Elend, in dem wir gesteckt haben (angefangen mit dem Elend Israels in der Sklaverei in Ägypten). Und nicht nur ***ein***mal ***hat*** er uns neues Leben geschenkt; nein nein: „Er ***schenkt*** uns neues Leben!" Das ruft die Erinnerung wach: So ist nämlich Gott immer! „Er schenkt uns neues Leben!" Immer wenn dieses Leben kaputt ist.

Und diesen Weg bestätigt und bekräftigt auch Jesus in dem

Evangeliums-Abschnitt, dem der Ijob-Text und der Psalm in innerer Logik zugeordnet sind:

Jesus ging zusammen mit Jakobus und Johannes in das Haus des Simon und Andreas. Die Schwiegermutter des Simon lag mit Fieber im Bett. Sie sprachen mit Jesus über sie, und er ging zu ihr, fasste sie an der Hand und richtete sie auf. Da wich das Fieber von ihr und sie sorgte für sie. Am Abend, als die Sonne untergegangen war, brachte man alle Kranken und Besessenen zu Jesus. Die ganze Stadt war vor der Haustür versammelt, und er heilte viele, die an allen möglichen Krankheiten litten, und trieb viele Dämonen aus. Und er verbot den Dämonen zu reden; denn sie wussten, wer er war. In aller Frühe, als es noch dunkel war, stand er auf und ging an einen einsamen Ort, um zu beten. Simon und seine Begleiter eilten ihm nach, und als sie ihn fanden, sagten sie zu ihm: Alle suchen dich. Er antwortete: Lasst uns anderswohin gehen, in die benachbarten Dörfer, damit ich auch dort predige; denn dazu bin ich gekommen. Und er zog durch ganz Galiläa, predigte in den Synagogen und trieb die Dämonen aus. (Markus 1,29-39)

Menschen, die von allen möglichen Krankheiten bedrängt sind. Sie leiden! Menschen, die von allem Möglichen besessen sind und wie von Dämonen beherrscht werden; von Kräften, die man einfach nicht fassen kann, obwohl sie real da sind! Sie alle wenden sich an Jesus und werden von Anderen, die ihm Hilfe zutrauen, zu ihm hingebracht. „Die ganze Stadt"!

Er ist wirklich der Herr, der das neue Leben schenkt, wo es am Ende ist! Wenn mit Jesus Christus Gott selber unter die Menschen kommt, dann geschieht das, was für uns „Evangelium" ist. Und das, was da geschieht, strebt darauf zu – Gott strebt es an! – , dass es die ganze Stadt umfasst, ja ganz Galiläa – und für uns heißt das: die ganze Menschheit.

So fängt Gottes „Reich" an, mit dem er alle Leiden heilt, alles Elend beendet. Und um nur ja dem falschen Protest zuvorzukommen, dass es ja noch so viel Elend und Leid gibt, das noch längst nicht geheilt ist, klärt ja schließlich auch das Zeugnis des Evangeliums: Nicht alle, – „viele" heilt er, viele! Ein Beispiel ist genannt – die Schwiegermutter des Simon, und dann kommt die Zusammenfassung: viele. Und dann sind noch andere übrig, die bedrängen ihn auch. Aber er weiß ja: Da sind Leute, die sich ihm schon angeschlossen haben, die werden das dann weiter tun. Er kann sich nicht auf nur eine Stadt beschränken; er muss weiter. Diese Sache Gottes mit den Menschen muss weitergehen und sich ausbreiten!

Ein großes Elend, das krank macht und leiden macht, ist auch die Enttäuschung so vieler, wenn sie die eigene Hoffnung auf Leben und Zukunft und auf ihr Heil am Glauben der Kirche festmachen, dass sie das dann nicht finden. Weil Kirche zu oft gar nicht wirklich Kirche ist. Dann bleibt ihnen nur der Eindruck: Ihr Elend ist bodenlos, das Evangelium ist nicht verlässlich.

Wie viele, besonders junge Menschen, die das einfach nicht ertragen können, fliehen deshalb – nicht nur in Drogen und Alkohol, sondern auch in die Magie, Esoterik. Magie als Ersatz für die wirkliche Begegnung mit Gott. Der Dämon Magie, der Jesus veranlasst, den Dämonen zu verbieten, ihn zu benutzen für ihr magisches Missverständnis von dem, was ***Gott*** da in Wirklichkeit getan hat. Denn ***er*** ist alles Andere als ein Magier. Er ***ist*** die Begegnung Gottes mit den Menschen!

Vielleicht liegt die Ursache des Elends, dass so viele sich der Kirche nicht anvertrauen können, darin, dass wir in der Kirche selber einer Droge, einem Dämon verfallen sind: dass wir uns abschirmen vom millionenfachen Elend der Welt. Ein kirchliches Zeugnis des Glaubens kann dann natürlich für Menschen, die wirklich auf Heilung aus Elend hoffen, nicht mehr glaubwürdig sein.

Eine kurze Geschichte kann vielleicht erahnen lassen, wie nahe unsereins gerade in dieses Problem involviert ist:

„Eine ältere Frau kaufte sich im Schnellrestaurant einen Teller Suppe. Behutsam trug sie die dampfende Köstlichkeit an einen Stehtisch, hängte ihre Handtasche darunter. Dann ging sie noch einmal zur Theke, denn sie hatte den Löffel vergessen. Als sie zum Tisch zurückkehrte, stand dort doch tatsächlich einer jener Afrikaner, schwarz, Kraushaar, bunt wie ein Paradiesvogel, und löffelte die Suppe. Zuerst schaute die Frau ganz verdutzt. Dann aber besann sie sich, lächelte ihn an und begann, ihren Löffel zu dem seinen in den Teller zu tauchen. Sie aßen gemeinsam. Und nach der Mahlzeit - unterhalten konnten sie sich kaum - spendierte der junge Mann ihr noch einen Kaffee. Er verabschiedete sich höflich. Und als die Frau gehen wollte und unter den Tisch zur Handtasche greifen will, findet sie nichts. Alles weg! Also doch ein gemeiner, hinterhältiger Spitzbube? Ich hätte es mir doch gleich denken können! Gemeinheit! Enttäuscht, mit rotem Gesicht schaut sie sich um. Er ist spurlos verschwunden. Aber am Nachbartisch erblickt sie einen Teller Suppe - ohne Löffel, inzwischen kalt geworden. Darunter hängt ihre Handtasche." [2]

So kann unsere angeblich christliche und vorurteilslose Einstellung sich sofort erschreckend als elende Selbsttäuschung demaskieren! Aber - „erschreckend" und „elend"? Das gehört dann ja sicher auch zum Elend, von dem Er uns befreit und woraus er uns neues Leben schenken will. Aus dem er uns heilt. Diese Hoffnung dürfen wir allemal haben - für uns selber, für unsere Nachbarn, für alle Menschen!

---

[1] jeweils im Lesejahr „B" am „5. Sonntag im Jahreskreis", also am 5. Februar 2012 und dann wieder am 8. Februar 2015

[2] Ich würde ja gerne den Autor dieser Geschichte nennen, aber im Internet und anderswo kursiert sie inzwischen unter den verschiedensten Namen, meist allerdings ohne Namensnennung.

6 Hier gibt's rettenden Baugrund

Als Jesus die vielen Menschen sah, die ihm folgten, stieg er auf einen Berg. Er setzte sich, und seine Jünger traten zu ihm. Dann begann er zu reden und lehrte sie. Er sagte:

Selig, die arm sind vor Gott; denn ihnen gehört das Himmelreich.

Selig die Trauernden; denn sie werden getröstet werden.

Selig, die keine Gewalt anwenden; denn sie werden das Land erben.

Selig, die hungern und dürsten nach der Gerechtigkeit; denn sie werden satt werden.

Selig die Barmherzigen; denn sie werden Erbarmen finden.

Selig, die ein reines Herz haben; denn sie werden Gott schauen.

Selig, die Frieden stiften; denn sie werden Söhne Gottes genannt werden.

Selig, die um der Gerechtigkeit willen verfolgt werden; denn ihnen gehört das Himmelreich.

Selig seid ihr, wenn ihr um meinetwillen beschimpft und verfolgt und auf alle mögliche Weise verleumdet werdet. Freut euch und jubelt: Euer Lohn im Himmel wird groß sein.
(Matthäus 5,1-12a)

Es ist kaum zu glauben, aber es hat immer wieder Menschen gegeben, die die Worte dieser Seligpreisungen Ernst genommen haben! Das Jahr hindurch feiern wir – gemäß dem Heiligenkalender – immer wieder die Gedenktage so vieler Menschen, an denen wir erkennen, welche großen Taten Gott im Leben eines Menschen und durch den Dienst eines Menschen tut, wenn er sich ihm öffnet, wenn er sich seinem Geist und seinen Eingebungen und seiner Kraft öffnet.

Und das gab und gibt es zu allen Zeiten, und das gab und gibt es in allen Erdteilen. Wenn wir uns das näher anschauen, wächst die Freude an Gottes großem, wunderbarem Tun in dem Ausmaß, wie wir uns Beispiele vor Augen halten. Es gibt sie auch heute: Menschen, die das so, wie es gesagt ist, Ernst nehmen; die zum Beispiel mit all ihrem Hunger und Durst nach Gerechtigkeit das in ihrer politischen Partei geltend machen und sagen: Aufhören mit dem Abbau der Gerechtigkeit!

Und dann gibt es auch heute Menschen, die trauern und in ihrer Trauer festhalten an der Gewissheit, dass Gott herausholen wird aus der Situation, die so weh tut und wütend macht und Anlass zur Trauer gibt. Trauer aller Arten, die es im Leben so gibt – angefangen von der Enttäuschung, dass dies und jenes nicht so gelaufen ist, wie ich es gern gehabt hätte, bis dahin, dass ein mir nahe stehender lieber Mensch gestorben ist.

Dieses Programmatische, was Jesus hier sagt, – es hat immer schon Menschen gegeben, die versucht haben, das zusammenzufassen. Aber – wie das so ist, wenn man allgemeiner redet, dann verliert es an beeindruckendem Gewicht. Es muss wohl eine solche Aufzählung sein, damit wir merken, wie das, wovon hier geredet wird, die Lebens***praxis*** meint. Und wenn schon sogenannte „Praktiker" unserer Kommerzwelt die Parole ausgeben „Geht nicht gibt's nicht!", warum sollten wir dann nicht gegenüber Gott noch viel mehr davon ausgehen: Geht nicht gibt's nicht! Bei Gott „geht" alles! Und da „geht" eben auch die Verwandlung von Armut in Reichtum – bis da hin, dass einem das ganze Reich Gottes „gehört", zugänglich ist, offen steht. Und dass Trauer verwandelt wird in echten Trost; nicht Ver-Tröstung, sondern in echten Trost, also in Rückkehr in erfülltes Leben. Und dass diejenigen, die immer auf den Bauch fallen – nach der in unserer Welt üblichen Erfahrung, weil sie von eigener Gewalt Abstand nehmen und der Gewalt nicht mit neuer Gewalt antworten – , dass die dann schließlich das Land erben werden! Ja, es gibt Beispiele – egal, ob sie von der Kirche heiliggesprochen wurden oder nicht; das geht hin bis zu Mahatma Gandhi und andere Menschen der Weltgeschichte, die ganz fest davon ausgegangen sind: Solchem Wort kann man trauen!

Und der – dieser Jesus von Nazareth – , der vorangegangen ist durch alle Armut hindurch, durch alle Trauer hindurch, durch alle Gewaltlosigkeit, durch allen Hunger nach Gerechtigkeit und durch Verfolgtwerden hindurch, – ja der ist für viele Menschen in der Tat – Christen und Nichtchristen – zur Kraftquelle geworden und zur Orientierung, so dass Gott an ihnen und mit ihnen und für sie handeln konnte.

Und diese „Großtaten" Gottes, die wir an Jesus erkannt haben, die immer wieder getan hat, die tut er auch heute – „jetzt", wie es die Glaubenstradition nennt – jetzt, in dieser Zeit, in unserer Geschichte. Und solche Glaubenserfahrung hat Menschen schon immer zu der Gewissheit veranlasst, dass in aller Gebrochenheit der Erfahrungen mit Gottes großen Taten am Ende eine Vollendung auf uns wartet, in der die Gebrochenheit beendet ist und er exklusiv lebt und herrscht – „in Ewigkeit". Er lebt und herrscht – jetzt. Und er lebt und herrscht – in Ewigkeit: in dieser anderen Dimension, in die alle schon hineingegangen sind, die der Tod uns genommen hat. Da berühren sich „jetzt" und „Ewigkeit" zu ***einer*** Gemeinschaft, die alle umfasst. Alle, die die Kirche als „heilig" verehrt und deren Anteil an Gottes Heiligkeit wir mit Gottesdiensten feiern: „Die Schar der Heiligen verkündet deine Größe, denn in der Krönung ihrer Verdienste krönst du das Werk deiner Gnade." [1]

Das ist eine große Gemeinschaft, die wir all zu sehr aus dem Blick verlieren im Vergleich zu den verschiedensten Arten von Gemeinschaften, denen wir uns zugehörig wissen. ***Diese*** Gemeinschaft ist dadurch geprägt, dass das Gemeinsame, das Einheitliche unter den Gliedern dieser Gemeinschaft der Heilige Geist ist, der sich zeichenhaft offenbart. Diese „Einheit des Heiligen Geistes" ist der Ort, in der Er lebt und herrscht – jetzt und in der Ewigkeit.

Menschen haben immer wieder damit Ernst gemacht, haben ***da***rin ihren Anker geworfen, haben ***da***ran sich festgehalten, haben ***das*** als einen Felsen erkannt, auf dem es sich lohnt, „sein Haus zu bauen". Dieses Wort steht am Ende der Bergpredigt. Sie beginnt mit den Seligpreisungen. Und nachdem Jesus alles gesagt hat, was er programmatisch unter die Menschen bringen wollte, sagt er zusammenfassend: Und wer all diesen Worten traut und „danach handelt", danach lebt, der „ist wie einer, der sein Haus auf Fels gebaut hat" (Matthäus 7,24)! Da kann dann kommen, was will – dieses „Haus" hat Bestand! Da kann Armut kommen, da kann Trauer kommen, Krankheit, Enttäuschung, ja da kann der Tod kommen – dieses Haus hat Bestand!

Und wir brauchen, um diese Gewissheit festzuhalten und aus ihr zu leben, immer wieder Bestärkung. Durch die Gemeinschaft aller „Heiligen" – durch uns gegenseitig – brauchen wir Bestärkung. Und immer wieder bekommen wir die Bestärkung, die wir einander geben. Da wird die große Gemeinschaft der Kirche in all ihren verschiedenen Gliederungen zur Kraftquelle. Da wirkt Gottes Heiliger Geist jetzt unter den Menschen. Da wohnt er in seinem „Tempel", wie die Bibel es nennt [2]. Da kann man ihn antreffen. Da handelt er. – Machen wir weiter, im Alltag einander zu bestärken!

Es gibt Bestärkung zu allem Möglichen: Bestärkung, dies und jenes zu kaufen und anderes nicht; Bestärkung, dort und dort hin zu gehen; da und da hin Urlaub zu machen ... – Bestärkung, die wir Menschen einander geben – durch die Massenmedien oder auch nur mit unserer eigenen Sprache zueinander. Nutzen wir doch diese Chance, die wir da haben, und bestärken wir einander und lassen wir uns bestärken – durch diese Gemeinschaft, zu der wir zusammengeschlossen sind; die davon geprägt ist, dass das Einheitliche in ihr das Leben und die Lebendigkeit von Gottes eigenem Heiligen Geist ist!

In Sicherheit leben können

Herr Korkise war immer da. Aber keiner kannte ihn. Irgendwann sprach ich ihn nach dem Gottesdienst an. Er war sehr zurückhaltend. Im Lauf der Zeit lernte ich seine Geschichte kennen: Als aramäischer Christ vor der als lebensbedrohlich gefürchteten Einberufung zum türkischen Militär geflohen, hatte er sich in Syrien eine Existenz als Schneider aufgebaut. Dafür musste er sich einen syrischen Pass besorgen. Im Lauf der Jahre wiederholten sich dann christenfeindliche Anschläge auf seine Ladenwerkstatt. Da er zunehmend bedroht war, flüchtete er nach Deutschland. Jahre zog sich das Verfahren hin, an dessen Ende die Verweigerung des Asylrechts stand, weil er ja als syrischer Staatsangehöriger galt und dementsprechend keine „staatliche" Verfolgung glaubhaft machen konnte; seine türkischen Verwandten, die direkt nach Deutschland geflohen waren, hatten da keine Probleme. Während dieser Zeit konnte er hier – wenn auch nur „geduldet" – in Sicherheit leben und von seiner Hände Arbeit seinen Lebensunterhalt gewährleisten. Er war einfach heilfroh. Im Laufe des langsam wachsenden Kontaktes zwischen Herrn Korkise und unserer Kirchengemeinde mündete nun das Verfahren aber in die Aufforderung zur Ausreise. Im Falle seiner Wiegerung würde er abgeschoben. Ein weiterer langer Weg begann, auf dem Menschen aus der Gemeinde ihn – auch physisch zum Rechtsanwalt usw. – begleiteten. Da er Analphabet war, brauchte er Hilfe beim Schriftverkehr. Am Ende bekam er schließlich Aufenthaltsrecht, und der Anwalt bestätigte: Ohne die Hilfestellung aus der Kirchengemeinde hätte das nicht geklappt. Das heißt, er wäre – inzwischen alt geworden – nach Syrien ins Nichts abgeschoben worden. 1990 feierten wir seine Einbürgerung. So hat sich die Seligpreisung bewahrheitet, die – ein wenig abgewandelt – in der Bibel gelautet hätte: Selig, die von Existenz zerstörender Abschiebung bedroht sind und damit vor Gott treten (sich der kirchlichen Gemeinschaft anvertrauen, in der ja dieser Gott zu finden sein soll), denn sie werden „in Sicherheit wohnen" (vgl. Ezechiel 34,28) können.

---

[1] Präfation von den Heiligen I
[2] z.B. 1 Korinther 3,16; 2 Korinther 6,16

7 Wir sind das Salz der Erde?!

Jesus sagte zu seinen Jüngern: Ihr seid das Salz der Erde. Wenn das Salz seinen Geschmack verliert, womit kann man es wieder salzig machen? Es taugt zu nichts mehr; es wird weggeworfen und von den Leuten zertreten. Ihr seid das Licht der Welt. Eine Stadt, die auf einem Berg liegt, kann nicht verborgen bleiben. Man zündet auch nicht ein Licht an und stülpt ein Gefäß darüber, sondern man stellt es auf den Leuchter; dann leuchtet es allen im Haus. So soll euer Licht vor den Menschen leuchten, damit sie eure guten Werke sehen und euren Vater im Himmel preisen. (Matthäus 5,13-16)

„Ihr seid das Salz der Erde." Salz – das eignet sich für eine Vielfalt von Bildworten und Gleichnissen: Man könnte eine Fabel erzählen von der Angst des Salzkorns, sich in der Suppe aufzulösen. Oder – da das Salz, wie etwa beim Pökeln, auch als Konservierungsstoff dient, eignet es sich auch für ein Gleichnis zum Stichwort „konservativ". Je nach Interessenlage nutzen es dann sogenannte „Linke" für das Thema „Bewahrung der Schöpfung" und sogenannte „Rechte" für das Thema „Bewahrung geliebter Traditionen".

Und wenn es um die Frage geht, was hier mit diesem Bild gesagt werden will, – obliegt es da etwa der Willkür eines Predigers oder Buchschreibers, was er damit macht? – je nach eigenem Interesse, nach persönlichen Vorlieben und politischen Meinungen? – Allerdings gibt es da einen erschreckend vielfältigen Markt der Meinungen auch in der Kirche. Immer wieder klagen Menschen zu Recht: „Jeder interpretiert die Bibel wie es ihm passt!" Bestimmt ist tatsächlich für so manchen Prediger das Predigen eine Gelegenheit, sich beliebt zu machen oder Zustimmung und Lob zu erheischen. Das Predigen kann missbraucht werden zur Selbstdarstellung mit irgendwelchen eigenen Meinungen.

Glücklicherweise ist in diesem Abschnitt aus dem Evangelium ausdrücklich genannt, welchen Aspekt des Salzes Jesus hier aufgreift: „Wenn das Salz seinen Geschmack verliert, ...“ Jesus meint das Risiko, das Salz könnte wertlos, sinnlos, überflüssig werden. Dann kann man es gerade wegwerfen. „Kannste vergessen.“ In der Tat die Meinung vieler Menschen von der Kirche – wenn sie Kirche entsprechend kennen gelernt haben. Genau den Aspekt, den Jesus hier meint, müssen wir näher anschauen: „Wenn das Salz seinen Geschmack verliert, taugt es zu nichts mehr.“

Das Salz als Geschmacksstoff ist gemeint: Es birgt in sich die Möglichkeit, die Kraft, die Chance, einer Speise den gewünschten Geschmack zu geben, das Essen schmackhaft zu machen. Sie wissen selber, wie Nudeln schmecken oder eine Fleischsuppe oder ein Kotelett, wenn Sie vergessen haben, Salz dran zu geben. Für das Essen ist das Salz notwendig, damit es nicht fade bleibt, sondern seinen Geschmack bekommt.

„Salz der Erde“!? – Jesus bringt im Bild diese Eigenart des Salzes mit der Wirklichkeit zusammen, von der er hier sprechen will: mit der Erde, mit dem Dasein auf der Erde, mit der Menschheit: Wo ist die Kraft, die Möglichkeit, die Chance, dass das Leben der Menschen auf dieser Erde aus allem faden Dasein herauskommt und schmackhaft wird?!

„Ihr seid das Salz der Erde!“ – Sagt Jesus. „Ihr.“ Die also, die sich von ihm ansprechen lassen: seine Jünger. Er sagt das unmittelbar im Anschluss an die Worte: „Selig seid ihr, wenn ihr um meinetwillen beschimpft und verfolgt und auf alle mögliche Weise verleumdet werdet.“ Also: Was für das Essen das Salz bedeutet, das bedeutet für die Menschheit die Gemeinschaft seiner Jünger, derer also, die auf sein Wort hören und danach handeln. Das betont er so dann nochmal ausdrücklich am Ende seiner Bergpredigt. Selbst oder gerade dann, wenn das ihnen alle mögliche Anfeindung einbringt.

Was will Jesus nun mit den Worten sagen: „Wenn das Salz

aber seinen Geschmack verliert, ..."?

In solchen Bildworten oder Gleichnissen knüpft Jesus ja immer an Alltagserfahrungen an, die seinen Hörern vertraut sind. Und da wir heute ebenso wie damals Salz fürs Essen benutzen, müsste doch auch uns die von ihm gemeinte Erfahrung vertraut sein. – Haben Sie schon die Erfahrung gemacht, dass Salz seinen Geschmack verloren hat? Wie geht das? Wie kann das zustande kommen? – Ich habe viele gefragt. Die meisten sagten: „Ja, im Lauf der Zeit wird Salz schal." Aber auf meine Rückfrage, ob das denn stimmt, wurden alle unsicher. Eines ist klar: Wenn Salz im Lauf der Zeit feucht wird, klumpt es. Aber verliert es seinen Geschmack, nur wenn und weil es das Salz schon lange gibt?? Die Salzstöcke in der Erde, aus denen Salz abgebaut wird, gibt es schon seit Jahrmillionen! Oder verliert das Salz seinen Geschmack durch langen Kontakt mit der Luft oder mit der Sonne? – Aber wir wissen: Salz, das durch Austrocknen von Meerwasserteichen gewonnen wird, wurde immer erst einmal lange Zeit der Sonne und der Luft ausgesetzt! - Wie kann es denn nun dann geschehen, dass Salz seinen Geschmack verliert?!

Nehmen wir an, Sie haben zuhause das Salz im Stil von Großmutters Zeiten in einem Glas oder einer Schütte. Um es zuverlässig zu unterscheiden von Zucker oder Mehl usw., klebt ein Etikett „Salz" drauf. – Jetzt ist in dem Glas nur noch ein Rest Salz übrig. Deshalb füllen Sie das Glas wieder auf. Dabei vertun Sie sich aber: Sie haben versehentlich Zucker genommen oder sonst etwas, das Salz ähnlich sieht. Sie merken es nicht. Und damit würzen Sie das Essen. – Wie das schmecken wird? – Diese ***Mischung*** taugt zu nichts. Sie werden sie wegwerfen. Sollte ***das*** der springende Punkt in Jesu Wort über die Rolle seiner Kirche in der Welt sein? „Ihr seid das Salz der Erde. Wenn aber das Salz seinen Geschmack verliert, taugt es zu nichts mehr."?

Ein weiterer Gedanke steckt in den Worten Jesu vom Salz: Das Salz und das Essen sind nicht dasselbe. Logisch. Das merkt jeder, der ein Päckchen Salz als Mahlzeit verspeisen wollte. Ebenso wie jeder, der ungesalzene Nudeln isst. Also: Die Jünger von Jesus, seine Kirche – das ist nicht dasselbe wie eine Bevölkerung oder eine Gesellschaft in unserer Welt: Nicht alle sind Kirche. Kirche und allgemeine Gesellschaft sind nicht dasselbe. Und: Wenn „Salz“ so wenig nach Salz schmeckt, wie eine ungesalzene Fleischbrühe nach Salz schmeckt, dann taugt dieses angebliche „Salz“ zu nichts. Wenn „Kirche“ so wenig nach Kirche schmeckt, wie eine Menschheit ohne Kirche nach Kirche schmeckt, dann taugt auch diese angebliche „Kirche“ zu nichts!

Noch etwas: Jesus sagt nicht – im Sinn einer moralischen Forderung: Ihr ***sollt*** das Salz der Erde sein! Er sagt: Ihr ***seid*** es! So wichtig wie das Salz für das Essen, so wichtig seid ihr, meine Jünger, für die Menschheit! Durch ***euch***, meine Jünger, kann sich der Geschmack menschlichen Lebens in dieser Welt erst so richtig entfalten! – Zu seinen „Jüngern“ sagt er das. Damit sind heute die Christen von heute gemeint – die Kirche – Gemeinschaft von glaubenden Christen.

Nanu! Wir – das Salz der Erde? Ist das nicht ein paar Schuhnummern zu groß! – Wenn wir uns so wichtig nehmen, ist das nicht ein sehr unchristlicher Hochmut? – Allen, die diese Sorge haben, sei die Rückfrage gestellt: Warum sollte das Hochmut sein? Niemand würde sagen und niemand hat gesagt, das Salz sei wichtiger als das Fleisch oder als die Nudeln.

Aber – um Gottes willen: Ich Salz der Erde? Wie soll ***ich*** denn die Möglichkeit haben, das Leben auf der Erde mit dem, was als ihr Geschmack gemeint ist, zur Entfaltung bringen zu können! Das ist doch eine rettungslose Überforderung!

Jesus behauptet ja auch nicht, jedes einzelne Sandkörnchen habe diese Möglichkeit. – Es ist ja auch klar, was sich tut, wenn man ins Essen für die Familie ein einziges Salzkörnchen tut! – Salz besteht aus vielen Körnern! – Allerdings gilt auch: Ohne die einzelnen Salzkörner gibt es gar kein Salz!

Egal – „Salz der Erde“ – so sehen ***wir*** uns nicht. – Aber: ***Jesus*** sieht uns so. Und überall, wo Menschen am Leben keinen Geschmack finden können, braucht er eine Prise Salz – eine Gemeinde, die einverstanden ist, solches „Salz“ zu sein und sich durch ihn als solches „Salz“ benutzen zu lassen.

Wenn nun Jesus hier keine moralische Forderung stellt, – was will er dann eigentlich mit diesen Worten bewirken bei Menschen, die auf ihn hören?

„Ihr ***seid*** es!" Lasst euch das sagen! Habt das entsprechende Selbstvertrauen! Ihr dürft größer von euch denken als ihr meint! – Wen immer noch die Sorge vor dem Hochmut quält, dem sei gesagt: „Selbst" kann hier natürlich nicht ein unabhängig von anderen existierendes aufgeblasenes Ich sein! „Selbst" heißt hier auch nicht ein kollektiver Größenwahn von Kirche – „ein Haus voll Glorie" oder so: Ein noch so großer Sack voller Salz entfaltet seinen Wert erst, wenn eine Köchin oder ein Koch daraus nimmt, um einem Essen Geschmack zu verleihen. Hätte je ein Mensch das verwendete ***Salz*** gepriesen, wenn eine Köchin schmackhaft gekocht hat – nachdem sie dafür gesorgt hat, dass eine Prise Salz in der Speise wirken konnte?! – „... damit die Menschen eure guten Werke sehen und den Vater im Himmel preisen!" So rückt Jesus die Perspektive zurecht.

Also: „Habt doch als Gemeinschaft von glaubenden Christen mehr Selbstvertrauen!" Mut machen will er! – Braucht es denn solche Ermutigung? – Najaaa, wie viel ist es ihm denn schon gelungen, mit seiner Kirche dem Leben der Menschheit Geschmack zu verleihen? Wie viel ist denn schon sein Wille geschehen, dass Menschen in unserer Umgebung mit Hilfe der Gemeinde Geschmack am Leben gefunden haben?

So manches hat er da schon tun können! Zu unserer und zu seiner Freude. Und natürlich zur Freude der Betroffenen. Aber unser Augenmerk richtet Jesus mit seinem Wort heute auf die Gefahr, dass das „Salz" viel zu wenig Geschmackskraft entfalten könnte – im schlimmsten Fall gar keine mehr!

Sollte – im Bild gesprochen – in Gottes Salzglas ein kleiner Teil Salz mit einer so großen Menge eines zwar ähnlichen, aber doch anderen Stoffes vermischt worden sein, dass das Ganze eben keine Salz-Kraft mehr hat? – aus Unachtsamkeit oder wer weiß warum?

Der Mainzer Weihbischof Franziskus Eisenbach sagte einmal – laut Limburger Kirchenzeitung „Der Sonntag": „Christen, die keinen anderen Geschmack mehr haben als ihre Umwelt, sind wie schal gewordenes Salz. Wenn wir denken und handeln wie alle Welt, wenn nicht mehr das Evangelium unser Leben bestimmt, sondern Anpassung an das jeweils Gängige, dann können die Menschen, mit denen wir leben, am christlichen Weg keinen Geschmack gewinnen."

Sollte das der Fall sein, der eingetreten ist? Sollte bei uns das, was Menschen zu Christen macht, zu sehr mit dem Gängigen vermischt sein? – in Denkweisen, Gewohnheiten, politischen Sichtweisen, Wertmaßstäben, Lebensstil, ...? Sollte die heutige Kirche eine Mischung sein, in der so viele Glieder andere Kräfte in sich haben als Salzkraft, dass darin der Grund liegt, warum die Kirche wenig Geschmack bringt? Ist zu vielen von uns, den einzelnen Körnchen, anderes wichtiger als die Chance, miteinander „Salz der Erde" zu sein? Sind unter uns zu wenige, die einverstanden und willens sind, Gemeinde von Jüngern Christi zu sein, die solches „Salz" ist?

Wenn das die Ursache ist, dann ist es dringend erforderlich, dass wir in der Kirche die Fähigkeit pflegen, unterscheiden zu können zwischen wirklichem „Salz" und dem, was dem Salz zwar ähnlich sieht, aber in Wirklichkeit Zucker ist oder sonst etwas Anderes – nicht „weniger Wertvolles", aber eben: „Anderes" ist.

Ich frage: „Sollte das der Fall sein?" Immerhin, wenn man diesen Evangeliums-Abschnitt liest oder hört, dann ist ja nicht sofort und unmittelbar einzusehen, dass sich solche Konsequenzen direkt aus diesen Worten von Jesus ergeben! Es könnte ja sein, dass ich hier nur meine ganz persönliche Interpretation hineinlege in seine Worte „Ihr seid das Salz der Erde." Andere verstehen das ganz anders: „Nehmt euch in Acht vor denen, die das mit dem Glauben und dem Christsein rigoros übertreiben! Schon so manche Köchin hat das Essen kräftig versalzen! Und – an Salzwasser allein ist schon so mancher Schiffbrüchige verdurstet!"

Ich hoffe, Sie merken: Bei allem nötigen Vertrauen bewahrt uns in der Kirche vor Willkür nur das kritische, verantwortliche Mitdenken der Leser und Predigthörer. Nicht der Prediger ist das

Salz. Alle gemeinsam sind es, die im Glauben an Jesus auf sein Wort hören und danach handeln – eben seine Jünger. Denen das Evangelium der Maßstab ist, an dem sich entscheidet, was in der Kirche gilt!

Mut sollen wir aufbringen, dem Wort von Jesus zu trauen: „Ihr seid das Salz der Erde!" Mich ermutigt sehr, dass die (katholische) Kirche in ihrer Leseordnung für die Sonntags-Gottesdienste mit diesem Evangeliums-Text folgenden Abschnitt aus dem Alten Testament als 1. Lesung zusammengestellt hat [4]:

So spricht der Herr: Teile an die Hungrigen dein Brot aus, nimm die obdachlosen Armen ins Haus auf, wenn du einen Nackten siehst, bekleide ihn, und entzieh dich nicht deinen Verwandten. Dann wird dein Licht hervorbrechen wie die Morgenröte und deine Wunden werden schnell vernarben. Deine Gerechtigkeit geht dir voran, die Herrlichkeit des Herrn folgt dir nach. Wenn du dann rufst, wird der Herr dir Antwort geben, und wenn du um Hilfe schreist, wird er sagen: Hier bin ich. Wenn du der Unterdrückung bei dir ein Ende machst, auf keinen mit dem Finger zeigst und niemand verleumdest, dem Hungrigen dein Brot reichst und den Darbenden satt machst, dann geht im Dunkel dein Licht auf und deine Finsternis wird hell wie der Mittag.
(Jesaja 58,7-10)

Mit diesen Worten wandte sich der Prophet an das Gottesvolk, als seine Geschmack verleihende Kraft schwach geworden war. Sie kamen nur noch zum Gottesdienst zusammen. Aber ihr Glaube hatte sich so verändert, dass sie ihn mit der menschlichen Not und Ungerechtigkeit in ihrer Umgebung nicht mehr in Verbindung brachten. Welchen Geschmack sollten da die sozial Benachteiligten noch am Gottesvolk finden! Da ließ Gott im Tempel durch das Wort des Propheten hören: Eure Gottesdienste und so – das bringt doch alles nichts! Nutzt meine Kraft, die ich in euch gesteckt habe! Haltet daran fest, dass ihr mein Volk (und damit „Salz der Erde") seid! „Wenn ihr in dieser Welt mein Volk sein wollt, so achtet darauf, von welcher Kraft euer gemeinsames

Handeln geprägt ist: Nur Salz hat die Kraft, wie Salz zu wirken: der Unterdrückung ein Ende zu bereiten, den Hungrigen zu essen zu geben, Arme aufleben zu lassen, ... so dass die Menschen den verloren gegangenen Geschmack am Leben wiederfinden! Mit solchem erneuerten Glauben an Gott, mit solchem erneuerten Selbstvertrauen als Gottesvolk werdet ihr sehen, was das bringt: „Deine Gerechtigkeit geht dir voran, und die Herrlichkeit des Herrn folgt dir nach!" Dann werden eure Gottesdienste wieder zu wahren Festen werden, an denen auch ich, euer Gott, meine helle Freude finde. – Im Munde Jesu klingt das so: „Die Menschen werden eure guten Werke sehen und euren Vater im Himmel preisen!"

[4] im Lesejahr „A" für den „5. Sonntag im Jahreskreis", also für den 6. Februar 2011

Kirche und ihr Dienst an der Welt, in der sie lebt

Für Gott gibt es nichts Wichtigeres als das: Alle sollen menschlich leben können! Jesus bietet mit dem Einsatz seines Lebens die zuverlässige Gewähr dafür. Gerechtigkeit und Solidarität sind das Markenzeichen des in Jesus erneuerten Glaubens und Kennzeichen des Verhältnisses zur Umwelt für die, die sich von ihm leiten lassen.

Dabei wartet Jesus nicht auf die Politiker, um sie zur „Gerechtigkeit" im Sinne von Gottes Reich zu bewegen, sondern er fängt direkt an. Er setzt in Bewegung! Da sind Menschen, die Hunger haben. Viele. „Gebt Ihr ihnen zu essen", hören seine Anhänger von damals und heute. Und die, die der Kirche wirklich angehören, lassen sich von ihm in Bewegung setzen: Das solidarische und gerechte Teilen nach Gottes Art ist uns wichtiger als die Angst, ob dann noch genügend für uns bleibt. Wir wissen um Gottes Vorliebe für die Armen.

Gott gilt als „Jahwe Zebaoth" (wörtl.: der Herr der Heerscharen), als „der Herr aller Mächte und Gewalten" (im Dreimal-Heilig in Jesaja 6 und im „Sanctus" in den christlichen Liturgien).

Damit wirkt seine Herrschaft natürlich auch in die reale Menschenpolitik hinein, und der Glaube an Gott hofft auch in als politisch benannten Belangen auf ihn. Und dient ihm. Also darf, ja muss Kirche politisch Stellung beziehen, wenn die Auswirkungen der Politik dem Reich Gottes und seiner Gerechtigkeit zuwider laufen.

Und dann kommt die gemeinsame Erfahrung als Kirche zum Tragen, dass Gott frei macht von der Verhaftung in die so genannten Sachzwänge, dass Kirche stattdessen den Jesus

Christus verkörpert, der seine großen Taten tut – in Beispielen für aus Glauben gelebter Diakonie – : Niedergedrückte aufrichten, Fremde beschützen, Schwache stärken, im Flüchtling den von Gott geliebten Menschen sehen. – Welch eine Freude für alle!

Wo immer der christliche Glaube im Widerspruch steht zu dem, was üblich ist – z.B. Europa abzuschotten gegenüber Fremden, bei Interessenskonflikten zwischen Kapital und Arbeit grundsätzlich dem „shareholder value" den Vorrang zu geben, immer mehr Lebensbereiche in der reichlich geübten Kategorie von Konkurrenzdruck und Wettbewerb wahrzunehmen, ... werden Christen, bestärkt durch das Evangelium und die Gemeinschaft der Kirche (durch Gottes Heiligen Geist) den Mund aufmachen und widersprechen.

Zugunsten der Menschen, zugunsten des Lebens in der Gerechtigkeit und Solidarität des Reich Gottes.

8 „Sorgt euch zuallererst um das Reich Gottes!"

Damals kamen die Pharisäer zusammen und beschlossen, Jesus mit einer Frage eine Falle zu stellen. Sie veranlassten ihre Jünger, zusammen mit den Anhängern des Herodes zu ihm zu gehen und zu sagen: Meister, wir wissen, dass du immer die Wahrheit sagst und wirklich den Weg Gottes lehrst, ohne auf jemand Rücksicht zu nehmen; denn du siehst nicht auf die Person. Sag uns also: Ist es nach deiner Meinung erlaubt, dem Kaiser Steuer zu zahlen, oder nicht? Jesus aber erkannte ihre böse Absicht und sagte: Ihr Heuchler, warum stellt ihr mir eine Falle? Zeigt mir die Münze, mit der ihr eure Steuern bezahlt! Da hielten sie ihm einen Denar hin. Er fragte sie: Wessen Bild und Aufschrift ist das? Sie antworteten: Des Kaisers. Darauf sagte er zu ihnen: So gebt dem Kaiser, was dem Kaiser gehört, und Gott, was Gott gehört! (Matthäus 22,15-21)

Sie stellen ihm eine Falle. Es geht schon los: Sie wollen Jesus beseitigen und irgendetwas finden, wie sie das zustandebringen.

Und zwar die Pharisäer und die Herodianer: zwei Parteien, die miteinander verfeindet sind. Aber wo sie in Jesus einen gemeinsamen Gegner haben, da tun sie sich zusammen gegen ihn. Und zwar ganz raffiniert:

Den Pharisäern war es ein Dorn im Auge, dass diese römische, fremde Besatzungsmacht im Land das Sagen hatte und dass da so viele „gottlose" Gesetze galten. Z.B. dass es diese Münzen gab mit einem Bild drauf – dem Bild des Cäsars, des Kaisers. Wo doch in Israel das heilige Gebot galt, man darf keine Bilder machen! Und dann noch dazu diese Anstoß erregende Inschrift auf der Münze: Tiberius, Sohn des „göttlichen Augustus"! Wo es doch nur ***einen*** Gott gibt! Und auf der Rückseite „pontifex maximus – höchster Priester" – Cäsar! Zähneknirschend haben sich die Pharisäer eingefügt, um in diesem System überleben zu können.

Und nun haben sie natürlich darauf gelauert: Wenn Jesus sagt, man dürfe als gläubiger Jude mit dieser verhassten Münze Steuern zahlen, dann hätten sie ja einen Grund gefunden, ihn beim Hohen Rat der Juden anzuzeigen, dass er verkündet, man dürfe Gottes Gebot verletzen. Mit der Chance, dass er dann verurteilt wird. Weil er sagt, man ***dürfe*** die Steuern zahlen.

Diese Pharisäer tun sich zusammen mit den Herodianern, mit der anderen Partei, die sich arrangiert hatte mit der fremden Besatzungsmacht und die ihrerseits jetzt auf der Lauer lagen: Wenn Jesus sagt, man dürfe die Steuern ***nicht*** bezahlen, dann hat er sich des Aufrufs zum Widerstand gegen das römische Regime schuldig gemacht. Und dann würden sie ihn beim römischen Statthalter verklagen.

Raffiniert eingefädelt. Eine Falle. Sie tun so, als würden sie ihn hoch schätzen. Sie tun so, als sei es für sie eine Frage, ob man die Steuern bezahlen darf. Und dann veranlasst Jesus diese Leute, in ihre Tasche zu greifen und die Realitäten aufzudecken: „Zeigt mir die Münze, mit der ihr eure Steuern bezahlt!" Es ist allgemein bekannt: Sie zahlen ja die Steuer! Was fragen sie dann? In der Tat – einer zeigt einen Denar.

Diese verhasste Münze! Und ein Abbild des Kaisers bedeutete damals viel mehr als heute: Unsere heutigen Münzen sind Gedenkmünzen mit ihren Abbildern. Aber damals waren diese Abbilder soviel wie ein Siegelbild, mit dem deutlich gemacht wird: Das gehört dem Kaiser. Darüber verfügt er!

Wenn dann aber diese Leute eine solche Münze in der Tasche haben und sie ja damit die ihnen abverlangten Steuern tatsächlich bezahlen, kann Jesus – geradezu achselzuckend – sagen: Naja, dann gebt halt dem Kaiser, was ihm doch sowieso gehört.

Und was soll dann der zweite Teil seiner Antwort? Bevor wir uns darüber Gedanken machen, zunächst das Andere: Gibt es denn für unsere Zeit und für uns Menschen heute auch so eine

Frage, wie sie die Pharisäer und Herodianer vorgeben? – Die Frage in unserer Zeit klingt so: Was ist denn das Verhältnis zwischen Christen und Kirche und dem Staat, dem gesellschaftlichen Leben? Darf denn der Christ und darf die Kirche einfach mitspielen in dem gesamtgesellschaftlichen Leben samt all den Kräften und Impulsen und Tendenzen, die zum Teil auch gegen Gottes Willen gerichtet sind? Oder müssen sie es sogar?

Üblich sind in unserer Zeit zwei sehr verschiedene Antworten.

Die eine Antwort: Die Politik, also die Dinge, die das menschliche Zusammenleben im größeren Maßstab gestalten, – das ist Sache der Politiker. Die sind dort zuständig, dort haben sie das Sagen; und Kirche, Christen als christliche Gemeinschaft haben sich da gefälligst herauszuhalten. Die sind da weder kompetent, noch sind sie zuständig. Ihr Christen, ihr Kirche, gebt dem „Kaiser", dem Staat, gebt dem gesellschaftlichen System mit seinen Kräften, was ihm gebührt! Und weiter: Und die Dinge, die mit Gott zu tun haben, da könnt ihr ja ruhig, wenn ihr wollt, auch Gott geben, was ihr meint, was ihm gehört: im Privatleben, in der Familie und in den Dingen, die nach dem Sterben kommen. – Diese Antwort trennt fein säuberlich in verschiedene Bereiche: Politik ist eins, Christsein ist ein anderes.

Aber es gibt auch die andere Antwort, die sich auch auf dieses Wort von Jesus bezieht: Gebt dem „Kaiser", was ihm gehört; ihr haltet euch ja dran; das ist ja gar keine Frage! – Und weiter: Aber gebt Gott, was Gott gehört! – Und was könnte es geben, was Gott ***nicht*** gehört?!

In dieser Antwortrichtung liegt dann tatsächlich vieles, was die Kirche wirklich tut. Ein Beispiel: Das Konzil hat sich den Befund und die Forderung zu eigen gemacht und in die Weltöffentlichkeit gebracht[1]: „Der Rüstungswettlauf" – offenkundig ein Phänomen der Politik – „schädigt unerträglich die Armen." Unerträglich sei das, so dass daraus Konsequenzen zu ziehen seien. – Es gibt viele Beispiele dafür, wie Kirche aus ihrem Glauben heraus Stellung bezieht und handelt.

Dieses Merkmal von Kirche wird auch darin deutlich, dass die Kirche zur gottesdienstlichen Verkündigung dieses Evangeliums-

Abschnitts [2] einen sehr politischen Text aus dem Alten Testament gestellt hat:

Darin geht es um ein Ereignis im Jahr 538 vor Christus. Die führende Schicht des Volkes Israel lebte schon seit Jahrzehnten in der Verbannung in Babylonien. Das Land war erobert worden vom babylonischen König und seinem Heer. Sie konnten nicht mehr eine Volksgemeinschaft sein, konnten nicht mehr ihren Glauben gemeinsam leben. Sie mussten sich den in Babylonien herrschenden Verhältnissen anpassen. Es war ganz schlimm für sie. Nun hatte aber wieder ein anderer König das Heer der Babylonier besiegt und die Macht über das Land erobert: der persische König Kyrus. Und wie das dann meistens geschieht, wenn durch eine Revolution oder einen Krieg ein neuer Herrscher an die Macht kommt: Er versuchte erst einmal, Sympathien beim unterworfenen Volk zu wecken. Also erließ er eine Amnestie: Alle, die als Verschleppte im Land leben, werden freigelassen; sie dürfen zurückkehren in ihr Land, auch die Israeliten. Und er verkündet Religionsfreiheit: Es müssen jetzt nicht mehr alle der Religion des babylonischen Königs anhängen, sondern sie dürfen wieder ihre eigenen Religionen praktizieren – so auch die Israeliten ihren Glauben an ihren Gott. Sie dürfen den von den Babyloniern zerstörten Tempel von Jerusalem neu aufbauen. – Man könnte sagen: Das ist einfach ein Stückchen Weltgeschichte, ein Stückchen Politik. Aber der Prophet sieht es noch ganz anders:

So spricht der Herr zu Kyrus, seinem Gesalbten, den er an der rechten Hand gefasst hat, um ihm die Völker zu unterwerfen, um die Könige zu entwaffnen, um ihm die Türen zu öffnen und kein Tor verschlossen zu halten: Um meines Knechtes Jakob willen, um Israels, meines Erwählten, willen habe ich dich bei deinem Namen gerufen; ich habe dir einen Ehrennamen gegeben, ohne dass du mich kanntest. Ich bin der Herr und sonst niemand; außer mir gibt es keinen Gott. Ich habe dir den Gürtel angelegt ohne dass du mich kanntest, damit man vom Aufgang der Sonne bis zu ihrem Untergang erkennt, dass es außer mir keinen Gott gibt. Ich bin der Herr und sonst niemand. (Jesaja 45,

1.4-6)

Da geht es um die Eroberung Babyloniens durch den Perserkönig Kyrus, um Amnestie und Religionsfreiheit. Ein politisches Geschehen, das für das Volk Gottes die große Befreiung bringt. Aber der Prophet betrachtet das Ganze als Gottes Handeln. Der König Kyrus hat zwar keine Ahnung davon – es steht in diesem Text zweimal „Du kennst mich nicht". Aber da steht auch zweimal „Ich bin der Herr und sonst niemand!" Auch du, König Kyrus, bist nicht der Herr. Ich benutze dich als mein Werkzeug. Ohne dass du es weißt. Der Prophet richtet von Gott aus: Gott allein ist der Herr! Wie er entsprechend bis heute in den Gottesdiensten – im Dreimal-Heilig – lobend besungen wird: „der Herr ***aller*** Mächte und Gewalten". Aller Mächte: Großmächte, Staatsmacht, ...; aller Gewalten: militärische Gewalt, staatliche Gewalt, ... Im Alten Testament wird er genannt „Jahwe Zebaoth": Gott, der Herr der Heerscharen, Herr selbst über alles Militär! ***Er*** ist der Herr auch über die am handfestesten greifbare politische Macht. Das ist tröstlich für den, dem es gelingt, daran zu glauben. Denn ***seine*** Herrschaft ist ja ***befreiende*** Macht, die aufleben lässt.

Wie soll aber beides zusammenzubekommen sein: das Leben im System von Kräften, Einflüssen, Mächten, Gewalten unserer Erde ***und*** Gottes befreiendes Handeln, sein Reich, seine Herrschaft?

Die Bibel und ganz besonders das Alte Testament zeigt es deutlich auf als einen Weg durch die Geschichte. Gott geht einen Weg. Zuerst mit seinem Volk. Damit für alle anderen sichtbar wird, was Gott tut und sie dann fasziniert werden, angelockt werden und sich auf diesen Weg auch einlassen wollen. – So ist Gottes Absicht. Es geschieht nicht alles sofort, sondern im Lauf der Geschichte ist das ein Weg durch die Zeit. Und im Lauf dieser Geschichte ist Jesus eine ganz besondere, deutliche Zäsur. Er ist das deutlichste Zeichen des immer wiederkehrenden Neuanfangs auf diesem Weg: Er gibt Gott tatsächlich, was Gott gehört. Und er gibt nicht nur ein bisschen oder etwas, sondern sich ganz. Und alles, was er geben kann, stellt er Gott zur Verfügung, damit ***sein*** Wille geschieht, seine Herrschaft praktisch wird – zum Aufleben der Menschen, zur Entfaltung des Lebens, so dass es schön wird auf der Erde. Gottes Reich baut er auf. Und denen, die in seiner Nachfolge mit ihm bauen wollen, denen ruft Jesus zu: *„Euch ... muss es zuerst um sein Reich und um seine Gerechtigkeit gehen ...*" (Matthäus 6,33)

Dieser Ruf gilt seiner ganzen Kirche und jeder einzelnen Gemeinschaft von Christen: Eure Sorge soll zuallererst sein, dass diese Herrschaft Gottes auch über alle irdischen Herrschaften, Mächte und Gewalten sich verwirklichen kann! Und das ist dann der Weg, auf dem ihr „Gott gebt, was Gott gehört"!

Politisches Bewusstsein im Pfarrgemeinderat in der Sorge um das Reich Gottes

Die Jahre hindurch wuchs in unserem[3] Pfarrgemeinderat (PGR) – als Frucht der ständigen Auseinandersetzung mit der biblischen Botschaft vom Reich Gottes – das Bewusstsein: Unsere individuellen Bemühungen um Nächstenliebe im Namen von Jesus Christus und im Sinn des angebrochenen Reichs Gottes mögen noch so engagiert sein, sie sind häufig von vornherein zum Scheitern verurteilt. Aus einem bestimmten Grund: Viele Belastungen von Menschen können nur durch eine Veränderung von äußeren Rahmenbedingungen in Nachbarschaft oder Politik gemindert werden. Dieser Herausforderung hat sich der PGR zunehmend gestellt. Hier zwei Schlaglichter:

Aus der jährlichen Klausurtagung des PGR 1998:

Welche Konsequenzen wollen wir aus unseren Erfahrungen mit den Lebensrealitäten in unserem Stadtteil und den entsprechenden Erkenntnissen aus dem Frankfurter Sozialbericht für unser Handeln als Kirchengemeinde ziehen, wenn wir dabei die Wertungen aus dem Wirtschafts- und Sozialwort der Kirchen anlegen wollen?

- Die „gesellschafts-diakonischen" (= politischen) Bezüge der Predigten sollen beibehalten werden.
- In der gesellschaftlichen Diakonie sind wir noch ungeübt. Da sollten wir nach Förderung suchen.
- Wir wollen in der Gemeinde die Bereitschaft fördern, auf verschiedene Weisen politisch einzuwirken, Stellung zu beziehen, und die Kompetenz, das jeweils gut begründet zu tun.
- Dazu gehört es, Rechte für Menschen einzufordern: z.B. gegenüber Wohnungsgesellschaften, Behörden und Politikern – über Einzelfallinterventionen hinaus auch für ganze Bevölkerungsgruppen. Kirche sind wir ja für alle, nicht nur für die, die sich an uns wenden.
- Wir streben an, mehr so Gemeinschaft zu sein, dass Solidarität verstärkt wird.
- Es gilt, einen Blick zu entwickeln für Frieden und Versöhnung im Stadtteil.

Aus der Klausur des PGR 1999 „Was ist uns in unserer Amtsperiode wichtig geworden? Was wollen wir dem neuen PGR ans Herz legen?":

Welche Ziele verfolgte der PGR?

- Der PGR wollte seinen Blick und den der Aktiven in der Gemeinde dafür schärfen, Menschen in ihren verschiedenen Lebenssituationen wahrzunehmen, damit das pastorale Handeln der Gemeinde davon ausgeht.
- Wir wollten dafür sorgen, so Kirche zu sein, dass Menschen etwas davon haben, z.B. Heimat sein für viele oder alle und Hilfen ermöglichen für Randgruppen, für Menschen in Not.
- Darum waren uns z.B. folgende Bemühungen wichtig: das jährliche Wohnsitzlosenfest, das Fortführen der Sozialhilfegruppe, die Mitarbeit im Wohnwagenprojekt, die Entscheidung für Kirchenasyl – und eine Weiterentwicklung im Bewusstsein des Zusammenhangs zwischen Glauben und Leben.

Und was hat der PGR erreicht?

- Der Vorrang der Diakonie in unserer Gemeindepastoral hat sich stabilisiert. Der PGR hat sich tatsächlich vor allem mit diakonischen Themen befasst: Leben im Stadtteil, Wirtschafts- und Sozialwort der Kirchen, an der Lebenssituation der Menschen orientiertes Erstkommunion-Konzept, Kirchenasyl.

- Auch in der Gemeinde hat sich weiterhin das Bewusstsein entsprechend geändert.

„Schätze", die wir in unserer Gemeinde haben, die – auch vom neuen PGR – bewahrt und gepflegt werden sollten:

- die positive Erfahrung im Fall Bernadette: dauerhafter Schutz für rechtlose „illegale" „Ausländerin" auf Grund unserer Bemühungen; sowie die erarbeitete Position zum Thema Kirchenasyl und die ausdauernde Betreuung der befristet „geduldeten" kurdischen Familie K.
- die begonnene und ansehnlich fortgeschrittene Erarbeitung einer Übersicht über Lebensmöglichkeiten und deren Defizite und über soziale Brennpunkte in unserem Stadtteil; diese Stadtteilarbeit gilt es auszubauen und dementsprechend Benachteiligten den Rücken zu stärken.
- unsere Mitwirkung im Wohnwagenprojekt: Bereitstellung von 2 Wohnwagen-Standplätzen für Wohnsitzlose in Zusammenarbeit mit dem Caritasverband Frankfurt, das Frühstück für Wohnsitzlose im Pfarrhaus und das jährliche Wohnsitzlosenfest.

---

[1] 2. Vatikanisches Konzil, Gaudium et spes Nr. 82
[2] für den 29. Sonntag im Jahreskreis / Lesejahr A
[3] in der Katholischen Pfarrgemeinde Herz Jesu in Frankfurt am Main - Fechenheim

9 Im Stadtteil präsent – ein Segen für die Armen!

Fronleichnam. „Hochfest des Leibes und Blutes Christi". Quasi programmatisch steht über diesem Tag das für die Gottesdienste vorgesehene „Tagesgebet" mit der Anrede

„Herr Jesus Christus, im wunderbaren Sakrament des Altares hast du uns das Gedächtnis deines Leidens und deiner Auferstehung hinterlassen."

und der Bitte

„Gib uns die Gnade, die heiligen Geheimnisse deines Leibes und Blutes so zu verehren, dass uns die Frucht der Erlösung zuteil wird."

Und sozusagen als Gottes Antwort folgt dann[1] aus dem Evangelium die Erzählung von hungrigen Menschen und von Gottes Antwort auf ihren Hunger:

Er [Jesus] *empfing sie* [die Leute] *freundlich, redete zu ihnen vom Reich Gottes und heilte alle, die seine Hilfe brauchten. Als der Tag zur Neige ging, kamen die Zwölf zu ihm und sagten: Schick die Menschen weg, damit sie in die umliegenden Dörfer und Gehöfte gehen, dort Unterkunft finden und etwas zu essen bekommen; denn wir sind hier an einem abgelegenen Ort. Er antwortete: Gebt ihr ihnen zu essen! Sie sagten: Wir haben nicht mehr als fünf Brote und zwei Fische; wir müssten erst weggehen und für all diese Leute Essen kaufen. Es waren etwa fünftausend Männer. Er erwiderte seinen Jüngern: Sagt ihnen, sie sollen sich in Gruppen zu ungefähr fünfzig zusammensetzen. Die Jünger taten, was er ihnen sagte, und veranlassten, dass sich alle setzten. Jesus aber nahm die fünf Brote und die zwei Fische, blickte zum Himmel auf, segnete sie und brach sie; dann gab er sie den Jüngern, damit sie diese an die Leute austeilten. Und alle aßen und wurden satt. Als man die übrig gebliebenen Brotstücke einsammelte, waren es zwölf Körbe voll.* (Lukas 9,11b-17)

Mit dieser Antwort auf die Bitte der zur Feier von Fronleichnam versammelten Gemeinde hilft er, ihn so fruchtbar und sinnvoll zu verehren, dass wirklich Erlösung daraus erwächst. Denn das ergibt sich ja nicht automatisch. Aber wie ist das denn gemeint?

Schon zur Zeit des Apostels Paulus waren in der Kirchengemeinde in der griechischen Hafenstadt Korinth Zustände eingerissen, die ganz im Widerspruch standen zu dem, was eine fruchtbare und sinnvolle Anbetung Christi im Sakrament sein will. Paulus tut es weh, hören zu müssen, dass im Gottesdienst der dortigen Gemeinde die einen hungern und die andern zugleich vor Sattheit „rülpsen". Er mahnt eindringlich: Man kann nicht Abendmahl, Eucharistie, Kommunion feiern, wenn dabei die Wohlhabenderen sich einen Dreck scheren um die Not der Armen[2]. Und er erinnert deshalb an die testamentartigen Worte von Jesus, mit denen er diese Mahlfeier begründet hat:

Ich habe vom Herrn empfangen, was ich euch dann überliefert habe: Jesus, der Herr, nahm in der Nacht, in der er ausgeliefert wurde, Brot, sprach das Dankgebet, brach das Brot und sagte: Das ist mein Leib für euch. Tut dies zu meinem Gedächtnis! Ebenso nahm er nach dem Mahl den Kelch und sprach: Dieser Kelch ist der Neue Bund in meinem Blut. Tut dies, sooft ihr daraus trinkt, zu meinem Gedächtnis! Denn sooft ihr von diesem Brot esst und aus dem Kelch trinkt, verkündet ihr den Tod des Herrn, bis er kommt. (1 Korinther 11,23-26)[3]

Tut das ***zu meinem Gedächtnis***! Werdet euch dabei meiner inne! Das hatte schon Jesus gesagt. Am Abend vor seinem Leiden. Und Paulus fügt auch für alle künftigen christlichen Gemeinden an: Mit dieser Feier, die ihr „Eucharistie", also „Danksagung" nennt, denkt ihr doch zugleich preisend und dankbar daran, dass

Jesus sich für die Heilung und die Versöhnung der Menschen bis hin zum Tod am Kreuz eingesetzt hat! Mit dieser Feier bekennt ihr euch doch zu seinem Weg als Orientierung auch für euren eigenen Weg! Da könnt ihr doch nicht bei dieser Feier geradezu demonstrieren, wie egal euch das Unheil der Armen ist! Nein: Eure Botschaft muss glaubwürdig sein! Und wie ihr das feiert, muss zeigen: Das rückhaltlose Engagement für die Armen – auf den Spuren von Jesus – das bringt's, das ist unsere Hoffnung und unsere Freude!

Jesus sich ***so*** einverleiben – mit allem, was ihn selber bewegt (hat), das erweist sich dann als Brot und Wein. Für alle, die hungern – nach Brot und nach Leben. Das teilen glaubende Christen miteinander. Und das ist der Festgehalt von Fronleichnam: ***So*** ihn verehren, das bringt Frucht und ergibt Sinn!

Der Text aus dem Evangelium nannte zusammenfassend, was Jesus tut: „Jesus redete zum Volk vom Reich Gottes ***und*** heilte alle, die seine Hilfe brauchten" und er malt eine Szene, die illustriert, wie so etwas abläuft: Eine Menge Menschen. Hungrig. Seine Leute, vernünftig und wohlmeinend, sagen zu Jesus: Jetzt reicht's. Du musst die Leute gehen lassen. Die müssen sich jetzt drum kümmern, dass sie zu essen kriegen. Das bisschen, was wir haben, reicht doch hinten und vorne nicht! – Aber Jesus redet eben nicht nur vom Reich Gottes, sondern er setzt es in Bewegung. Die Hilflosigkeit seiner Leute lässt er nicht gelten; sie darf nicht entscheidend für die Weichenstellung werden. Sie sollen sich einfach dran machen: „Gebt ihr ihnen zu essen!" Und in der Tat: Sie lassen sich von ihm in Bewegung setzen.

Dabei ist die Sprache in dieser Erzählung aus der Feder des Lukas stark gefärbt von seiner Erfahrung mit der Eucharistiefeier in der Gemeinde der Christen. Das, was Jesus in diesem Text tut, ist benannt mit den Worten vom Abendmahl, von der Eucharistie, der Kommunion: „Jesus segnete das Brot, brach es, gab es ihnen, ..." So bezeugt Lukas auf seine Weise, ***wie*** Christus im Sakrament wirklich fruchtbar und sinnvoll verehrt werden kann, so dass Erlösung daraus entsteht: Jesus teilt das Gegebene, um es aufteilen zu lassen. Und die Gemeinschaft seiner Leute, die dieser Verteilung dient, überwindet ihre Angst, zu kurz zu kommen, im solidarischen und gerechten Teilen auf sein Wort hin. Und mit dem Wort „Gebt ihr ihnen zu essen!" macht Jesus klar, wessen Handeln er das Gelingen seiner Sache anvertraut. Am Ende ist die für alle erstaunliche Botschaft zu hören: Alle wurden satt!

Diese Erfahrung bezeugen auf unterschiedliche Weise beide Schrifttexte des Fronleichnamsfestes: Das ist der Weg Gottes, das Unheil der Armen in Heil zu verwandeln. Auf solche Weise „verehren wir die heiligen Geheimnisse seines Leibes und Blutes so", dass daraus wirklich „Erlösung" entsteht!

Kirche – Motor der Stadterneuerung?

Als ich am Fronleichnamsfest 1998 diese Gedanken der Gemeinde in der Predigt gesagt hatte, gab es dafür einen Hintergrund (und eine Perspektive!): Einen Monat davor hatte der Pfarrgemeinderat seine Klausurtagung mit der Fragestellung „Wie lässt es sich in Fechenheim leben? Und welche Folgen ergeben sich daraus für unser Handeln als Kirchengemeinde?" [4] Am Ende stand die einzuschlagende Richtung fest: Eine „soziale Stadtteil-Erneuerung" steht an! Das war die Initialzündung für einen jahrelangen Prozess: Nach einer öffentlichen Ausstellung und Beratungen mit Fachleuten der sozialen Gemeinwesenarbeit folgten Gespräche mit Arbeitsamt, Sozialstation, Gewerbeverein, ausgewählten Großbetrieben und weiteren für das Sozialgefüge relevanten Einrichtungen vor Ort. Der Austausch mit ihnen über die Einschätzung der Situation des Stadtteils und über mögliche Chancen für positive Veränderungen führte ein Jahr später zu einer öffentlichen Diskussionsveranstaltung mit reger Beteiligung der Bevölkerung. Im Januar 2000 gründeten mehr als 50 Personen den Stadtteil-Arbeitskreis „Fechenheim erneuern": sowohl nicht-organisierte Bürgerinnen und Bürger als auch Vertreter der Wohnungswirtschaft, der Arbeitgeber, von Vereinen und Arbeitskreisen, aus der Politik und von der Stadt, aus sozialen Einrichtungen und den Kirchengemeinden des Stadtteils. Wir setzten uns das gemeinsame Ziel, uns für eine Verbesserung der Lebensqualität in Fechenheim einzusetzen und dafür Sorge zu tragen, dass die spezifischen Interessen der hiesigen Wohnbevölkerung wahrgenommen und gegebene Chancen besser genutzt werden. Finanziert wurde das Projekt zunächst von der Stadt, später von der „Aktion Mensch". Die Rechtsträgerschaft übernahm der Caritasverband. Zum 1.8.2000 wurde ein Quartiersmanager eingestellt und ein Ladenlokal auf der Hauptgeschäftsstraße als „Stadtteilbüro" angemietet. Diese zentral gelegene Anlaufstelle diente der Bürgerschaft, ihr Interesse an einer Verbesserung der Lebensverhältnisse im Stadtteil einzubringen. Viele konkrete Vorhaben kamen auf den Weg. Bis Ende 2004 hatte sich das Projekt zum Sprungbrett gemausert für weitere Initiativen, die sich eigenständig bildeten und nachhaltig eine umfassende Verbesserung des Klimas im Stadtteil stabilisierten.

---

[1] im Lesejahr „C" (3-jähriger Turnus: 2010, 2013, ...)
[2] vgl. die kritischen Bemerkungen des Paulus in 1 Korinther 11, 20-22 und 27-28
[3] Das sind die Verse 23-26, also zwischen den in Anmerkung 2 bezeichneten zwei Gruppen von kritischen Worten des Paulus. Sie sind offenkundig im Zusammenhang mit seiner Kritik als mahnende Erinnerung ans Wesentliche gemeint.
[4] vgl. „Politisches Bewusstsein im Pfarrgemeinderat in der Sorge um das Reich Gottes" in Kapitel 8 „Sorgt euch zuallererst um das Reich Gottes!"

10 Demonstration für Solidarität und Gerechtigkeit

Am ersten Tag des Festes der Ungesäuerten Brote, an dem man das Paschalamm schlachtete, sagten die Jünger zu Jesus: Wo sollen wir das Paschamahl für dich vorbereiten? Da schickte er zwei seiner Jünger voraus und sagte zu ihnen: Geht in die Stadt; dort wird euch ein Mann begegnen, der einen Wasserkrug trägt. Folgt ihm, bis er in ein Haus hineingeht; dann sagt zu dem Herrn des Hauses: Der Meister lässt dich fragen: Wo ist der Raum, in dem ich mit meinen Jüngern das Paschalamm essen kann? Und der Hausherr wird euch einen großen Raum im Obergeschoss zeigen, der schon für das Festmahl hergerichtet und mit Polstern ausgestattet ist. Dort bereitet alles für uns vor! Die Jünger machten sich auf den Weg und kamen in die Stadt. Sie fanden alles so, wie er es ihnen gesagt hatte, und bereiteten das Paschamahl vor. Während des Mahls nahm Jesus das Brot und sprach den Lobpreis; dann brach er das Brot, reichte es ihnen und sagte: Nehmt, das ist mein Leib. Dann nahm er den Kelch, sprach das Dankgebet, reichte ihn den Jüngern und sie tranken alle daraus. Und er sagte zu ihnen: Das ist mein Blut, das Blut des Bundes, das für viele vergossen wird. (Markus 14,12-16.22-24)

„Blut des Bundes" – für die Vielen vergossen. – Der, der Gott verkörpert, er bietet mit dem Einsatz seines Lebens die Gewähr dafür: Für Gott gibt es nichts Wichtigeres als seinen Bund mit den Menschen: Alle sollen leben können – menschlich leben – der Würde entsprechend, die Gott ihnen gegeben hat.

Diesen Bund kann man nicht oft genug feiern! Das ist zugleich Stützpunkt, Tankstelle, Festsaal, ebenso wie mahnende Erinnerung und Rückenstärkung.

Allerdings – und ich zitiere den früheren Limburger Bischof Franz Kamphaus[1]: „Wir leben in einer Zeit der Gotteskrise. ... Es scheint, als wäre Gott vielen einfach abhanden gekommen ... Eine diffuse Gottgläubigkeit wird toleriert, ein Verständnis, in dem Gott nach den eigenen Vorstellungen und Wünschen zurechtgeträumt wird." Auf keine Gegenliebe stoße ein Glaube mit Konsequenzen, die herausfordern; mit klaren Forderungen, die die eigenen Lebenskreise stören. Eine Wahrnehmung der Welt, in der die Wirklichkeit in ihrer ganzen Abgründigkeit und Dunkelheit wahrgenommen wird – eine solche Wahrnehmung der Welt hat keine Konjunktur. Allerdings: Gerade zu ihr ermutigt der Glaube.

Mit dem Wort vom „Bund" greift Jesus ein im Alten Testament bezeugtes Ereignis auf:

Mose kam und übermittelte dem Volk alle Worte und Rechtsvorschriften des Herrn. Das ganze Volk antwortete einstimmig und sagte: Alles, was der Herr gesagt hat, wollen wir tun. Mose schrieb alle Worte des Herrn auf. Am nächsten Morgen stand er zeitig auf und errichtete am Fuß des Berges einen Altar und zwölf Steinmale für die zwölf Stämme Israels. Er schickte die jungen Männer Israels aus. Sie brachten Brandopfer dar und schlachteten junge Stiere als Heilsopfer für den Herrn. Mose nahm die Hälfte des Blutes und goss es in eine Schüssel, mit der anderen Hälfte besprengte er den Altar. Darauf nahm er die Urkunde des Bundes und verlas sie vor dem Volk. Sie antworteten: Alles, was der Herr gesagt hat, wollen wir tun; wir wollen gehorchen. Da nahm Mose das Blut, besprengte damit das Volk und sagte: Das ist das Blut des Bundes, den der Herr aufgrund all dieser Worte mit euch geschlossen hat. (Exodus 24,3-8)

Jesus erinnert an jenen Bundesschluss. Er aktualisiert ihn, konkret auf sich und seinen Lebensweg der Hingabe konzentriert. Bundesschluss zwischen Gott und den Menschen, die das wollen und sich dafür zusammenschließen lassen. „Alles, was der Herr gesagt hat, wollen wir tun." Pakt auf Gegenseitigkeit. – In diesem Bund war die Rede vom Recht sogar der Sklaven, vom Schutz der alt gewordenen Eltern, vom Grundrecht der Unversehrtheit von Leib und Leben und der Pflicht zum Schadenersatz, von Eindämmung der Rache, vom Schutz vor Unterdrückung und Ausbeutung, von der Notwendigkeit fairer Gerichtsverfahren, ...

Solche Gerechtigkeit sollte Gottes Zuverlässigkeit an den Tag bringen, mit der er für ein gelingendes Leben aller sorgt!

Für eine im Sinn von Jesus erneuerte Praxis des Glaubens an diesen Bundesgott gehen Christengemeinden an Fronleichnam auf die Straße. Wo sonst der Alltag pulsiert, verweisen sie öffentlich auf ihn, demonstrieren also ihn, der mit uns geht und auf dessen Tun wir unser Leben konzentrieren. Auch unser Leben in der Stadt und im Stadtteil.

Gerechtigkeit und Solidarität werden so zum erneuerten Markenzeichen unseres Glaubens und zur Kennzeichnung unseres Verhältnisses zu dem Stadtteil, in dem wir leben – unabhängig davon, welche und wie viele Mitbürger unsere Orientierung und Perspektive teilen, aber in Solidarität und Toleranz und guter Nachbarschaft – als bürgerschaftlich aufeinander angewiesenes Gemeinwesen.

Bischof Franz Kamphaus sagte 1997 über das Kirche-Sein in Frankfurt: „In allem geht es darum, die Stadt ins Gebet zu nehmen, den Platz Gottes frei zu halten – gegen ökonomische Zwänge und politische Ideologien – advokatorisch für die materiell und geistlich Armen."

Und die deutschen katholischen Bischöfe schrieben[2]: „Die persönliche Hilfe für den Nächsten und das sozialpolitische, öffentliche Handeln zugunsten gerechterer gesellschaftlicher Strukturen gehören für die ... Kirche untrennbar zusammen wie zwei Seiten ein und derselben Medaille. ... Es geht darum, aus dem Geist des Evangeliums den Lebensraum der Menschen in unserem Land nach den Prinzipien der Solidarität und der Gerechtigkeit mitzugestalten."

Wie könnten wir auch anders, wenn wir doch an Jesus Christus glauben?! Er hat allen Hass, alles Unrecht, alles Blutvergießen dadurch beenden wollen, dass er den „Bund" mit seiner Todesbereitschaft von neuem besiegelt.

[1] Die genaue Quelle habe ich leider nicht wiedergefunden
[2] Die deutschen Bischöfe (1999) Nr. 64: Caritas als Lebens-vollzug der Kirche und als verbandliches Engagement in Kirche und Gesellschaft, hg. vom Sekretariat der Deutschen Bischofs-konferenz

11 „Die Armen sollen essen und sich sättigen"

Als viele Menschen Jesus begleiteten, wandte er sich an sie und sagte: Wenn jemand zu mir kommt und nicht Vater und Mutter, Frau und Kinder, Brüder und Schwestern, ja sogar sein Leben gering achtet, dann kann er nicht mein Jünger sein. Wer nicht sein Kreuz trägt und mir nachfolgt, der kann nicht mein Jünger sein. Wenn einer von euch einen Turm bauen will, setzt er sich dann nicht zuerst hin und rechnet, ob seine Mittel für das ganze Vorhaben ausreichen? Sonst könnte es geschehen, dass er das Fundament gelegt hat, dann aber den Bau nicht fertig stellen kann. Und alle, die es sehen, würden ihn verspotten und sagen: Der da hat einen Bau begonnen und konnte ihn nicht zu Ende führen. Oder wenn ein König gegen einen anderen in den Krieg zieht, setzt er sich dann nicht zuerst hin und überlegt, ob er sich mit seinen zehntausend Mann dem entgegenstellen kann, der mit zwanzigtausend gegen ihn anrückt? Kann er es nicht, dann schickt er eine Gesandtschaft, solange der andere noch weit weg ist, und bittet um Frieden. Darum kann keiner von euch mein Jünger sein, wenn er nicht auf seinen ganzen Besitz verzichtet. (Lukas 14,25-33)

Nehmen wir mal an, jemand, wer es gar nicht mit der Kirche hat, ist aus irgendeinem Grund in einem Gottesdienst, in dem dieser Abschnitt aus dem Evangelium zu hören ist. Ich möchte mich mit Ihnen zusammen einmal auf die Perspektive einlassen, aus der ein solcher Mensch das hört und was das bei ihm auslösen mag. Und wie das meistens auch bei denen war, zu denen Jesus sprach, nehmen wir auch an, dieser Mensch ist in irgendeiner Weise schlimm dran: arm .... Sagen wir: eine alleinstehende Mutter mit Kindern, die von Sozialhilfe lebt. Sie hört diese Worte. Und auf Grund der feierlichen Art, mit der der verkündende Pfarrer und die hörende Gemeinde sich dem aussetzen und stellen, meint sie natürlich, sie darf davon ausgehen: Das ist für diese Menschen Maßstab, den sie für sich als gültig anerkennen und an den sie sich halten wollen. Alle haben ja sogar diese herben Worte quittiert mit „Lob sei dir, Christus!" Was bedeutet das für sie, was hat das für sie für Konsequenzen – für sie, diese Außenstehende?

Sie wird zwei Dinge gehört haben, die für sie zusammengehören:

Sie hört: Nanu, bei denen gilt: Keiner kann zu ihnen gehören – „keiner von euch kann mein Jünger sein" wenn er nicht auf seinen ganzen Besitz verzichtet! Hab ich da womöglich Chancen, etwas zu bekommen? – „Die Armen sollen essen und sich sättigen!" hatte es ja vorher schon im gesungenen Psalm geheißen![1] – Ist das meine Chance? „Den Herrn sollen preisen, die ihn suchen! Aufleben soll euer Herz für immer!" – Ja, wer ist jetzt damit gemeint: ich, die Arme? oder die, die seine Jünger sind? – Aufleben! Es klingt, als seien wir Armen gemeint. Und immerhin war ja vorher – in der 1. Lesung aus der Bibel[2] – die Rede von dem einen, der zwar so ganz groß - „göttlich", hieß es - gewesen ist, aber an dieser „Herrlichkeit" nicht festgehalten hat und sich wie zu einem Sklaven gemacht hat - und es hieß doch im Evangelium: *„Wer nicht ... mir nachfolgt, der kann nicht mein Jünger sein"*. Ja wie, sind jetzt die Leute in der Kirche Leute, die bereit sind und in Freude aufatmen, aufleben wollen darin, dass sie sich auch zu den Letzten der Menschen gesellen? zu mir? Ist das denn wirklich möglich?!

Und es hieß ja tatsächlich am Anfang des ersten Abschnitts: „Seid einander so gesinnt, wie es dem Leben in Christus Jesus entspricht!" Und dann folgte die Beschreibung, dass dieser „Herr", dieser Jesus Christus alles losgelassen hat! Und – wie?! – unter diesen Leuten in der Kirche gilt das, dass sie untereinander so gesinnt sein wollen?! – Da hab ich ja Chancen, ein neues

Leben zu finden! Ich als Außenstehende! Soll das wahr sein, dass es das auf dieser Erde gibt?! Aufleben! –

Gibt es solche Jünger von Jesus? Gibt es solche Jüngergemeinschaften? Gemeinden, die ihre Freude daran finden, Jesus nachzufolgen, in seiner Gesinnung zu leben, zu handeln – in der Freude darauf, auch selbst dann Anteil zu erleben an dem, was von Jesus da gesagt wird, nämlich: „Deswegen hat Gott ihn über alle erhöht!" Jubel, Freude ...

Und jetzt schlüpfe ich wieder in die Haut dieser alleinerziehenden Mutter mit Sozialhilfe: Wie – die in der Kirche finden die Treue Gottes darin und fangen an, darüber zu jubeln, dass bei ihnen die Armen bekommen, was sie brauchen?! –

Als ich 1986 im kleinen Kreis das etwa so gesagt hatte, konnte ich anfügen:

„Kleine Zeichen gibt's dafür, dass das tatsächlich so stimmt: kleine Zeichen bei uns; kleine Zeichen, die weder in der Presse stehen, noch sonst viel reden machen. Aber es hat schon ein paar Leute gegeben, – und man kann sie mit den Fingern einer Hand gar nicht mehr zählen – die in den letzten Monaten in unserer Gemeinde – Sozialhilfeempfängerinnen! – , die in den letzten Monaten in unserer Gemeinde immer wieder haben neu Hoffnung schöpfen können und aufgeatmet haben, weil da Leute sind, die mit ihnen gemeinsam ihre Probleme durchdenken, die sie mit ihrer Armut haben, und ihnen dazu verhelfen, dass sie aufleben können, nicht nur essen und sich sättigen können, sondern eben auch vom Leben essen und sich sättigen können; dass sie sich nicht mehr so klein vorkommen müssen gegenüber dem übermächtigen Amt. Zum Beispiel. Und es hat schon angefangen, sich herumzusprechen; es sind schon Leute gekommen auf Grund der Flüsterpropaganda. Es lässt sich langsam an. – Zeichen, die wichtig sind! Zeichen, die uns zeigen, dass solche Dinge wirklich bei uns geschehen. Schön, dass wir sagen dürfen: Wir gehören dazu!"

Von der genannten Initiative mit Menschen, die auf Sozialhilfe angewiesen sind, berichtete die Kirchenzeitung „Der Sonntag" in ihrer Ausgabe vom 13.3.1994:

Pfarrei unterstützt Sozialhilfe-Empfänger

Caritasdirektor Hejo Manderscheid übergab den Senfkorn-Preis

Frankfurt. Den mit 3000 Mark dotierten Senfkorn-Preis erhielt die „Sozialhilfe-Gruppe" der Pfarrei Herz-Jesu in Frankfurt-Fechenheim. Diese Initiative unter der Leitung von Magdalena Demuth und Susanne Staab-Kluger besteht seit 1985 und unterstützt Familien und Alleinstehende, die mit Sozialhilfe auskommen müssen.

Die offene Gruppe, die überwiegend aus Frauen zwischen 25 und 65 Jahren besteht, trifft sich einmal in der Woche, die Kinder werden betreut. Neben der Möglichkeit zum Gesprächen beraten Demuth und Staab-Kluger über die gesetzlichen Bestimmungen der Sozialhilfe, helfen beim Ausfüllen von Formularen und Anträgen und legen Widerspruch ein gegen Entscheidungen von Behörden, wenn die Betroffenen nicht allein zurechtkommen.

„Gewöhnlich kommen zwischen zehn und 15 Frauen aus Fechenheim und Umgebung zu uns", erzählt Magdalena Demuth. „Wenn es aber im Bereich der Sozialhilfe eine gesetzliche Neuregelung gibt, dann werden es plötzlich mehr, weil sich die Leute über die Veränderungen informieren wollen. Die kommen dann aber meistens nur ein oder zweimal zu uns."

Ursprünglich war geplant, die Initiative als Selbsthilfegruppe in die Eigenständigkeit zu führen. Das hat sich durch die Erfahrungen im Lauf der Jahre aber als unmöglich erwiesen.

Der Anfang war nicht leicht für die Initiative: Obwohl die Gruppe vom Pfarrgemeinderat initiiert war, gab es zunächst auch Widerstand in der Gemeinde. Die Betroffenen in der „Sozialhilfe-Gruppe" sind nicht kirchlich angebunden. Viele haben mit Kirchenvertretern schlechte Erfahrungen gemacht, Kirche ist ihnen gleichgültig oder sie haben hohe Ansprüche und Erwartungen. Für Magdalena Demuth war das nie ein Problem: Wer Hilfe brauche, müsse sie auch bekommen. Diese Auffassung setzte sich auch in der Gemeinde durch. So geben inzwischen viele Familien guterhaltene Kinderkleidung oder Spielzeug für die „Sozialhilfe-Gruppe" in Herz-Jesu ab.

Die „Sozialhilfe-Gruppe ist offen für alle Betroffenen. Eine Anmeldung ist nicht nötig. Information: Magdalena Demuth, Telefon: 0 69/ 42 19 80. *CHV*

[1] Psalm 22,26-32: *Deine Treue preise ich in großer Gemeinde; ... Die Armen sollen essen und sich sättigen; den Herrn sollen preisen, die ihn suchen. Aufleben soll euer Herz für immer. Alle Enden der Erde sollen daran denken und werden umkehren zum Herrn. Vor ihm werfen sich alle Stämme der Völker nieder. ...*

[2] Philipper 2,5-11: *Brüder! Seid untereinander so gesinnt, wie es dem Leben in Christus Jesus entspricht: Er war Gott gleich, hielt aber nicht daran fest, wie Gott zu sein, sondern er entäußerte sich und wurde wie ein Sklave und den Menschen gleich. Sein Leben war das eines Menschen; er erniedrigte sich und war gehorsam bis zum Tod, bis zum Tod am Kreuz. Darum hat ihn Gott über alle erhöht und ihm den Namen verliehen, der größer ist als alle Namen, damit alle im Himmel, auf der Erde und unter der Erde ihre Knie beugen vor dem Namen Jesu und jeder Mund bekennt: „Jesus Christus ist der Herr" – zur Ehre Gottes, des Vaters.*

12 Die Niedergedrückten atmen auf

Nach der Überlieferung des Evangelisten Lukas erzählte Jesus ein Märchen:

Es war einmal ein reicher Mann, der sich in Purpur und feines Leinen kleidete und Tag für Tag herrlich und in Freuden lebte. Vor der Tür des Reichen aber lag ein armer Mann namens Lazarus, dessen Leib voller Geschwüre war. Er hätte gern seinen Hunger mit dem gestillt, was vom Tisch des Reichen herunterfiel. Stattdessen kamen die Hunde und leckten an seinen Geschwüren. Als nun der Arme starb, wurde er von den Engeln in Abrahams Schoß getragen. Auch der Reiche starb und wurde begraben. In der Unterwelt, wo er qualvolle Schmerzen litt, blickte er auf und sah von weitem Abraham, und Lazarus in seinem Schoß. Da rief er: Vater Abraham, hab Erbarmen mit mir und schick Lazarus zu mir; er soll wenigstens die Spitze seines Fingers ins Wasser tauchen und mir die Zunge kühlen, denn ich leide große Qual in diesem Feuer. Abraham erwiderte: Mein Kind, denk daran, dass du schon zu Lebzeiten deinen Anteil am Guten erhalten hast, Lazarus aber nur Schlechtes. Jetzt wird er dafür getröstet, du aber musst leiden. Außerdem ist zwischen uns und euch ein tiefer, unüberwindlicher Abgrund, sodass niemand von hier zu euch oder von dort zu uns kommen kann, selbst wenn er wollte. Da sagte der Reiche: Dann bitte ich dich, Vater, schick ihn in das Haus meines Vaters! Denn ich habe noch fünf Brüder. Er soll sie warnen, damit nicht auch sie an diesen Ort der Qual kommen. Abraham aber sagte: Sie haben Mose und die Propheten, auf die sollen sie hören. Er erwiderte: Nein, Vater Abraham, nur wenn einer von den Toten zu ihnen kommt, werden sie umkehren. Darauf sagte Abraham: Wenn sie auf Mose und die

Propheten nicht hören, werden sie sich auch nicht überzeugen lassen, wenn einer von den Toten aufersteht. (Lukas 16,19-31)

Ich stelle mir vor, wie die ursprünglichen Hörer und Leser des Lukas-Evangeliums in der Gegend um Rom dieses Märchen gehört haben, das Jesus ihnen da in der Bibel erzählt – diese armen Leute, Sklaven und Tagelöhner. Zu wenig zum Leben haben sie und zu viel zum Sterben. Da hören sie Jesus Christus selber so zu sich sprechen. Da hören sie den Auferstandenen selber klagen, traurig klagen: „Sie werden sich auch nicht überzeugen lassen, wenn einer von den Toten aufersteht." Und wie viele seiner Verehrer haben sich überzeugen lassen, dass sein Weg darin besteht, die Ordnung, die er in diesem Märchen beklagt, zu verändern?!

Der reiche Mann, vor dessen Tür Lazarus liegt, hat vielleicht ein Kreuz draußen über seiner Haustür hängen. Aber er hat nichts mit dem Kreuz im Sinn, nichts mit dem Jesus Christus, der das Kreuz auf sich nahm, um konsequent einen anderen Weg zu gehen als die Herren dieser Welt! [1] Ja, die „Herren der Welt", „die mit dem Tod uns regieren" [2], sie sind eines. Und ***der*** Herr der Welt, zu dem Christen sich bekennen, ist ein anderer! Das bezeugt Jesus hier durch die Art, wie er mit diesem alten Märchen umgeht. Es ist ja ein Märchen, das aus der Mentalität des alten Orients kommt und als selbstverständlich und unangefochten voraussetzt: Die Guten werden belohnt, die Bösen werden bestraft. Jesus ergänzt und ändert den Sinn dieses Märchens, indem er nicht auf Lohn und Strafe abhebt, sondern auf die Gerechtigkeit: „Du hast ja deinen Anteil am Guten schon bekommen; jetzt ist Lazarus dran, jetzt bekommt er seinen Anteil am Guten." Da verkündet er den Armen in Roms Umgebung, die auf ihn hören, seine Solidarität. Ja, gemeinsam mit ihnen ist er enttäuscht über die Halsstarrigkeit derer, die sein Kreuz verteidigen und doch nicht seinen Weg gehen. Und er verkündet ihnen: Gott ist nicht einverstanden mit der Ungerechtigkeit in dieser Welt. Er schafft Gerechtigkeit! Wir nennen sie heute „soziale Gerechtigkeit".

Das Evangeliar (die wertvolle Buchausgabe mit den Evangeliumsabschnitten für die Sonn- und Festtage) bildet dazu ein auffälliges altes Bild ab: Der Künstler aus dem Mittelalter hat diesen Lazarus außerhalb des Rahmens platziert. Er gehört einfach nicht zur Gesellschaft, er „fällt aus dem Rahmen". Auf unsere Zeit bezogen macht das deutlich, worum es Jesus geht: Er lenkt den Blick auf die Menschen, die keinen Platz haben, weil sie von den „Herren", die diese Welt beherrschen, ausgegrenzt werden.

Nehmen wir als Beispiel die Situation der Millionen von Arbeitslosen in Deutschland. Unsere Gesellschaft hat sich so organisiert, dass sie vielen Menschen die Möglichkeit, durch eigene Arbeit ihr Leben zu gewährleisten, vorenthält oder verbaut.

Eine ähnliche Situation ist es, auf die Jesus in seinem Märchen hinweist: „Sie haben Mose und die Propheten", das heißt, die Bibel seiner Zeit, die wir „das Alte Testament" nennen. Wenn Jesus das Märchen vom armen Lazarus so erzählt und abschließt, hat er vielleicht Prophetentexte im Sinn wie zum Beispiel diesen:

Hört dieses Wort, die ihr die Schwachen verfolgt und die Armen im Land unterdrückt. Ihr sagt: Wann ist das Neumondfest vorbei? Wir wollen Getreide verkaufen. Und wann ist der Sabbat vorbei? Wir wollen den Kornspeicher öffnen, das Maß kleiner und den Preis größer machen und die Gewichte fälschen. Wir wollen mit Geld die Hilflosen kaufen, für ein paar Sandalen die Armen. Sogar den Abfall des Getreides machen wir zu Geld. Beim Stolz Jakobs hat der Herr geschworen: Keine ihrer Taten werde ich jemals vergessen. (Amos 8,4-7)

Da ist die Rede von denen, „die die Schwachen verfolgen und die Armen im Land unterdrücken"; die das System der Sozialhilfe „modernisieren" wollen, wie sie sagen, in Wirklichkeit aber denen, denen sie ihre Armut verursacht haben, die Möglichkeit nehmen, wieder hoch zu kommen. „Ihr sagt, wann ist das Neumondfest nun endlich vorbei, wann ist der Sabbat vorbei!" Wann ist der Sonntag endlich vorbei, dass wir unsere Maschinen wieder laufen lassen können! Nur – wir sind heute längst viel weiter fortgeschritten: Heute laufen ja die Maschinen schon am Sonntag! „Ihr habt nur eins im Sinn: Wir wollen Getreide verkaufen, wir wollen den Kornspeicher öffnen, das Maß kleiner und den Preis größer machen!" Egal ob es gut oder schlecht für die Menschen ist, auch am Sonntag zu arbeiten, – wir wollen jedenfalls mehr Geld machen! Das Maß kleiner und den Preis größer machen, die Gewichte verfälschen – heute gibt es viel effektivere Methoden der Korruption und Unterdrückung. Und „die Herren der Welt" bieten ihre Argumente so dar, dass sie alle Welt damit anstecken. Da heißt es dann zum Beispiel: Diejenigen, die ihr Kapital investieren in die Industrie, müssen unbedingt von Steuern entlastet werden; sie müssen unbedingt mehr Gewinne machen können als bisher; denn angesichts der weltweiten Konkurrenz können sie nur dann ihren Standort hier beibehalten und den Menschen hier Arbeit geben. – Gott, der durchaus durchblickt, sagt zu solchen Sachen: „Keine ihrer Taten werde ich jemals vergessen." Da atmen die auf, die zu Opfern solcher Zustände geworden sind. Und bei der Geschichte des Lazarus atmen die auf, die an den Rand des Bildes gerückt sind, die Lazarusse.

In diesem Geist schrieb Bischof Franz Kamphaus[3]: „Wir Christen sind aufgerufen, uns öffentlich und auf den verschiedenen Ebenen politischer Einflussnahme für das Schicksal arbeitsloser Menschen einzusetzen." Und der Caritas-Verband warnte in seinem Aufruf vor den unabsehbaren Folgewirkungen der Arbeitslosigkeit: „Jeder Mensch hat ein Recht, seinen Lebensunterhalt selbst zu verdienen und in menschenwürdigen Verhältnissen zu leben." Zwar könnte es „den Herren der Welt ja so passen," wie das genannte Lied aus dem (Limburger) „Gotteslob" [2] singt, „wenn erst nach dem Tod die Gerechtigkeit käme; ... wenn hier auf der Erde stets alles so bliebe; wenn hier die Herrschaft der Herren, wenn hier die Knechtschaft der Knechte so weiterginge wie immer." Aber Christus „passt" das nicht! Und all denen, die an ihn glauben, die also ihn als Orientierung und Maßstab fürs Leben betrachten, passt das nicht. Nein, in ihm, der von den Toten auferstanden ist, erkennen sie den „Befreier", wie es die dritte Strophe des Liedes sagt. Er „ruft uns jetzt alle zur Auferstehung auf Erden, zum Aufstand gegen ***die*** Herren, die mit dem Tod uns regieren."

Und nun zur anderen Seite des Ganzen: Kamphaus hat auch geschrieben: „In vielen Gemeinden werden bereits mit viel Phantasie und Einsatzbereitschaft Wege gesucht und gegangen, um diesem Schicksal entgegen zu wirken. Solche Beispiele sollten ... Nachahmung finden." Gleich, ob es um die Menschen ohne Arbeit bei uns geht oder auf der internationalen Ebene um diejenigen, die nur bei uns eine menschenwürdige Arbeit finden zu können meinen und deshalb bei uns anklopfen als Flüchtlinge. Man denke an die gängige Abschiebepraxis! Das Evangelium vom „armen Lazarus" gibt einen Deute-Rahmen, mit dessen Hilfe wir verstehen können, was heute geschieht. „Verstehen" mit den Augen, die Gott uns schenkt im Glauben.

Die Beispiele für aus Glauben gelebter Diakonie können natürlich nur dann, wie Kamphaus es meint, Nachahmung finden, wenn sie bekannt werden – und wenn die Information von denen, die ihre Freude an Christus finden wollen, auch aufgegriffen wird, gelesen wird oder in Radio- und Fernsehsendungen gehört wird; wenn man zuhört, was andere erzählen, was sie selbst erlebt haben an solchen erfreulichen Beispielen! Denn nur Erfahrungen, an denen man sich miteinander freut, werden die Menschen dazu motivieren, verstärkt den Spuren von Jesus zu folgen. Der reine Appell bringt erfahrungsgemäß nichts.

Deswegen füge ich ein selbst in der Gemeinde erlebtes Beispiel an, das mich bis heute mit besonderer Freude erfüllt.

Aus der Illegalität gerettet

„Helfen Sie mir! Ich muss da raus!" So sprach sie mich nach dem Gottesdienst vor der Kirche an. Ostermontag 1994. Bernadette, 23 Jahre, hatten ihre Eltern 10 Jahre zuvor wegen des Bürgerkriegs aus Uganda mit dem Flugzeug nach Deutschland geschickt. In Frankfurt war sie bei einer Familie von Bekannten aus Uganda untergekommen, die sie gut gebrauchen konnten. Jeder Kontakt zu ihrer Familie und überhaupt nach Uganda riss ab. Sie blieb illegal. – Jetzt musste ein Ende damit sein!

Bereits wenige Tage nach ihrem Hilferuf erklärte sich Familie G., in der Kirchengemeinde aktiv, bereit, Bernadette aufzunehmen. Vorübergehend natürlich, bis ihre Situation und ihre Möglichkeiten geklärt wären. Daraus wurden 18 Monate, in denen Familie G. für Bernadette die schützende, begleitende und fördernde Pflegefamilie war.

Es war eine intensive Zeit, erschwert durch ihren rechtlichen Status der Illegalität mit der permanenten Bedrohung: Wenn ich in eine zufällige Polizeikontrolle komme, werde ich abgeschoben in eine fremde Welt. Trotzdem absolvierte sie einen Deutsch-Sprachkurs und einen schulischen Eingliederungslehrgang in die Berufs- und Arbeitswelt bis hin zum Hauptschul-Abschluss 1995. Vielfältige Beratungen liefen an. Empfehlende Stellungnahmen wurden eingeholt. Hürdenlauf durch die Behörden bis hin schließlich zur offiziellen Duldung. In der Zielgerade mit der Hoffnung auf Arbeit hieß es: „Oh, da machen Sie sich mal nicht zu viele Hoffnungen; da müssen wir erst den Arbeitsmarkt prüfen, und das dauert Wochen!" Doch wenige Tage danach hielt sie die Arbeitserlaubnis in Händen. Bald bezog Bernadette ihre eigene Wohnung. Damit war sie in der hiesigen „Erwachsenen-Normalität" angekommen.

Ein mühsamer Hürdenlauf war erfolgreich beendet. Wann kann man das schon mal in der Kirche sagen: erfolgreich! Aber die Gewissheit, dass alle diese (Damen und) Herren auf den verschiedensten Behörden, die immer erst gesagt hatten „völlig unmöglich", dass nicht sie die Herren der Welt sind, sondern dass ein anderer der Herr ist, der – wie der Psalm 146 wunderschön besingt – „die Gebeugten aufrichtet, die Schwachen stärkt, die Fremden beschützt, ..." – im Wissen darum, dass er der Herr ist, lag die Kraft, den mühsamen und aufwändigen Hürdenlauf zu gehen; anderthalb Jahre hat er gedauert.

Hochzeit und Einbürgerung sind inzwischen Vergangenheit auf einem glücklich gewendeten Lebensweg mit vielen Angstsituationen, aber auch mit vielen Freudenfesten. Die teils naive, teils schlicht beharrliche Gewissheit war Pate auf diesem Weg: Gott rettet!

Und wenn wir das, was geschieht, von Jesus Christus her sehen und verstehen, dann ist natürlich er es, der alles gemacht hat. Dann ist er es, dem wir dienen konnten und durften. Und ich sage bewusst „wir", denn viele aus der Gemeinde haben geholfen – viele dadurch dass sie Rückenstärkung gaben, und einige haben sehr engagiert geholfen. Nicht nur aus der Gemeinde. Auch der Bischof. Menschen im Hessischen Innenministerium und im Frauenministerium. Ein Rechtsanwalt und ein Arzt aus dem Stadtteil. ... Das ist ja die Stärke einer Christengemeinde, dass gar nicht die schwachen Einzelnen diejenigen sein müssen, die tolle Sachen machen. Nein, wir gemeinsam können Christus verkörpern, und er ist es, der Gottes große Taten tut. Deswegen danken wir ja Gott in der Eucharistiefeier immer wieder vor allem Anderen für Jesus Christus selbst.

Und in dem Maß, wie Menschen in unserm Land sich an Christus halten, in demselben Maß wird er seine großen Taten weiter und immer weiter tun und wir werden wachsende Freude daran haben. Da wird er sich zeigen als der, der wirklich Brot ist, von dem man leben kann und dass er wirklich der Wein ist: das Getränk der Freude, mit dem man erst so richtig zur Lebensfreude kommt. Also – wenn wir uns in der Kirche mit den Lippen und im Sakrament zu ihm bekennen, – machen wir doch von Herzen Ernst damit!

---

[1] Man möge mir die Inkonsequenz nachsehen: in der Vorstel-lungswelt dieses Märchens ein Kreuz an der Wand! Wer vom heutzutage immer wieder aufflammenden Streit ums Kreuz weiß, versteht, was ich da – emotional dazu angeregt – meine.

[2] Ein Lied aus dem katholischen Gebet- und Gesangbuch „Gotteslob", Limburger Diözesan-Anhang Nr. 837, benennt sie so.

[3] im Aufruf zur Caritas-Herbst-Kollekte 1995

13 Widerspruch im Geist des Evangeliums

Noch mal – wie im vorangehenden Kapitel – zum Märchen vom armen Lazarus, das Jesus erzählt (Lukas 16,19-31):

Jesus legt dem Abraham in den Mund, was er im Grunde von sich selber sagt: Wenn die Menschen, die sich als Glaubende bezeichnen, „wenn sie nicht auf die Propheten hören", durch die Gott sie schließlich schon vielfältig angesprochen hat, dann werden sie sich auch nicht überzeugen lassen, „wenn einer von den Toten aufersteht." Hat er Recht? Da er ja nach Überzeugung der Christen von den Toten auferstanden ***ist***! Haben die, die sich als glaubende Menschen, die sich als Christen bezeichnen, haben sie sich überzeugen lassen? Haben wir uns überzeugen lassen?

Überzeugen wovon? – Zunächst von dem, was Gott uns durch die Propheten hat sagen lassen. Nehmen wir ein Beispiel aus dem 8. Jahrhundert vor Christus – für das damalige Israel eine Zeit der politischen und wirtschaftlichen Blüte – vielleicht ähnlich wie für unser Land heute im Vergleich mit vielen anderen Zeiten und im Vergleich mit vielen anderen Ländern, so dass wir davon ausgehen sollten, dass diese Warnung des Propheten Amos auch für uns heutige Menschen in Europa gilt:

Weh den Sorglosen auf dem Zion und den Selbstsicheren auf dem Berg von Samaria ... Ihr liegt auf Betten aus Elfenbein und faulenzt auf euren Polstern. Zum Essen holt ihr euch Lämmer aus der Herde und Mastkälber aus dem Stall. Ihr grölt zum Klang der Harfe, ihr wollt Lieder erfinden wie David. Ihr trinkt den Wein aus großen Humpen, ihr salbt euch mit dem feinsten Öl und sorgt euch nicht über den Untergang Josefs. Darum müssen sie jetzt in die Verbannung, allen Verbannten voran. Das Fest der Faulenzer ist nun vorbei. (Amos 6,1a.4-7)

Die, die sorglos ihre Errungenschaften genießen und denen es egal ist, wie es dem Rest der Welt geht, bekommen gesagt: Weh euch, ihr geht in den Untergang! Es geht nicht anders, als dass ihr auch an die Anderen denkt und euch nicht damit zufrieden gebt, euch in euren Kissen und Couchen – und was immer ihr an Bequemlichkeiten habt – zurückzulehnen, und den lieben Gott einen guten Mann sein zu lassen! Oder – wie Jesus es mit dem Märchen sagt: Ihr geht in den Untergang, wenn ihr euch damit zufrieden gebt, dass es euch selber gut geht. Wehe euch Sorglosen! Und das wird nicht gesagt, um uns zu beschimpfen. Nein, Gott lässt das sagen, weil er die Menschen liebt: um uns aufzurütteln aus dem Schlaf der Sicherheit!

Für den Sonntag, an dem sowohl das „Lazarus"-Evangelium als auch – bewusst ihm zugeordnet – dieser Amos-Text vorgesehen ist [1], wird dabei als Antwort auf die Prophetenworte empfohlen „Lobe den Herrn, meine Seele!" Ist das nicht seltsam? Wie passt das denn zusammen – ein Wehe-Ruf und dazu als Antwort ein Ausdruck der Freude? Offensichtlich freuen sich nicht dieselben, denen der Wehe-Ruf gilt, sondern die, für die sich eine Verbesserung ihrer Lebenslage ergibt, wenn die bisher „Sorglosen" ihr Verhalten und ihre gesellschaftlichen Strukturen auf Grund der Warnung ändern beziehungsweise ihre Macht verlieren! Es ist also eine Frage der jeweils eigenen Perspektive, aus der gehört oder geantwortet wird. Und hier wird vorausgesetzt, dass die kritisch Angesprochenen – aus der Kraft ihres Glaubens – sich dazu bewegen lassen, solidarisch die Perspektive der Armen einzunehmen und sich mit ihnen zu identifizieren.

Zum Beispiel mit Menschen, die in ihrer Heimat, die sie lieben, keine Existenzgrundlage haben und deshalb zu uns gekommen sind, um hier Arbeit zu finden. Für sie kann ein solches gläubiges, dynamisches Hören und Antworten von „Kirche" bedeuten: Hier gibt es wirklich Gottes Volk; es hat die Warnung des Propheten gehört und es hat sie beherzigt! Und wir bekommen jetzt, was wir zum Leben brauchen! „Lobe den Herrn, meine Seele!" Dafür, dass du so gut bist! – Oder, wenn wir zu diesem alteingesessenen Teil der Bevölkerung in Europa gehören, dann kann – wenn diese Kombination von Texten auch ehrlich vollzogen und so gemeint wird – doch wohl nur bedeuten: Der Herr hat uns frei gemacht von der Verhaftung an die so genannten Sachzwänge, mitzuspielen mit dem, was in der Gesellschaft üblich ist! Frei von der selbstsüchtigen Perspektive, die uns eingeredet hatte: Die, die uns angeblich unsere Arbeitsplätze nehmen wollen und nur die von uns finanzierten Sozialleistungen missbrauchen, die müssen wir vor der Tür draußen halten und abschieben. – Von solcher Götzenanbetung des Wohlstands hat er uns dann befreit. Von der Angst vor den Fremden. Wir sind frei geworden, im Anderen, im Türken, im Afrikaner, ... – woher immer sie kommen – den Menschen zu sehen, den von Gott geschaffenen und geliebten Bruder. Uns sind die Schuppen von den Augen gefallen, wir haben den Menschen nach dem Bild Jesu entdeckt. „Lobe den Herrn, meine Seele!"

Die Alternative, wenn wir uns nicht „überzeugen" lassen: Wir haben unsere Errungenschaften. Wir haben die Wirtschaft unseres Landes aufgebaut. Seien wir froh, dass wir nur X Prozent Arbeitslosigkeit haben und nicht noch mehr, wie in anderen Ländern! Seien wir froh, dass wir eine Preissteigerungsrate von nur Y Prozent haben! Im Vergleich zu anderen. Errungenschaften. Festhalten und sichern! Die soll man uns nur ja nicht streitig machen! Was ***wir*** geschafft haben, gehört uns! Und andere sollen gefälligst vor der Tür bleiben! Und die Krumen von unserem Essen, die kriegen gefälligst unsere Hunde! Aber nicht ***die***! – Das ist die bekannte Alternative. Und natürlich, wenn da Menschen sind, die trotzdem – bekanntermaßen – Dinge zum Leben brauchen, die sie einfach fordern müssen, um zu überleben, dann machen sie Angst. Was tut man angesichts dieser Angst? Vorkehrungen treffen: Grenzen dicht! Eine Visa-Politik, die dafür sorgt, dass nur die Reichen durchkommen, die auch unserer Wirtschaft nicht schaden werden! ... Wirtschaftliche Errungenschaften sind da der höchste Wert! Sie werden als

Götzen angebetet! Und der Mensch geht vor die Hunde – nicht nur die Anderen: auch wir! Weil dann ja die Menschlichkeit auch unter uns immer mehr abnehmen wird; weil auch unter uns, den Alteingesessenen mit den tollen Errungenschaften, die Konkurrenz, der Kampf, die Aggressivität, das Verurteilen immer mehr wachsen muss! – Die Warnung des Propheten Amos – das heißt: Gottes Warnung! – gilt auch uns: Sie werden in die Verbannung geschickt. Und: „Das Fest der Faulenzer ist vorbei!" „Krise".

Als Bischof Franz Kamphaus 1986, nachdem er öffentlich einiges zur damals aktuellen Asylproblematik gesagt hatte, einen Hirtenbrief zu diesem Thema an die Katholiken des Bistums Limburg schickte [2], erhielt er Wäschekörbe voller Briefe - zum größten Teil mit heftiger Ablehnung gegen den Geist in dem, was er da für die Asylbewerber forderte. Massenweise hasserfüllt! Mit voller Namensnennung und Unterschrift die Anrede „Du elende Drecksau"! „Sie sind wohl durch Ihr Amt überfordert. Lassen Sie sich doch frühpensionieren!" ... Jesus war dafür ans Kreuz geschlagen worden. Es ist der Glaube der Kirche, der den Bischof dazu veranlasste, so viel Kritik zu riskieren. Der Glaube, in dem Christen getauft sind und der immer wieder die Taufe in Erinnerung ruft, bei der wir gelobt haben „Ja, ich widersage". Der Glaube, der dieses Versprechen wahr macht und tatsächlich widersagen, widersprechen lässt, wenn es drauf ankommt. Wenn wir Christen seine Kirche sind und Jesus Christus verkörpern, dann muss man doch an unserem Tun sein Tun erkennen, so dass die Menschen wirklich Anlass finden auszurufen: „Lobe den Herrn, meine Seele!"

Bischof Franz Kamphaus widerspricht

Bischof Kamphaus hatte am 6.8.1986 das „Asylantenlager Schloss Dehrn" besucht und sich zur Problematik des Umgangs mit Asylsuchenden öffentlich geäußert. Wie oben erwähnt, erhielt er darauf viele Zuschriften, die ihn zu einem Offenen Brief mit Datum vom 27.8.1986 veranlassten. Darin schrieb er:

„... Der Anstieg des Asylantenstromes ist ein Zeichen dafür, dass die Probleme der Dritten Welt, denen wir oft tatenlos zusehen oder die wir gar mitverursachen, nicht vor unserer eigenen Tür Halt machen. Unser Schicksal ist mit dem der Menschen dieser Regionen eng verknüpft. Es wäre ein verhängnisvoller Irrtum zu glauben, wir könnten unsere eigene soziale, kulturelle und politische Identität auf Dauer dadurch wahren, dass wir uns die Flüchtlinge vom Leibe halten und unsere Grenzen abschotten...

Die Not der Flüchtlinge ist für uns Christen vor allem eine Herausforderung des Glaubens. Das Evangelium lehrt uns, dass Gott auf der Seite der Menschen steht, die ‚unter die Räuber gefallen' sind. Die Armen und Notleidenden sind für Jesus die Privilegierten. Sie vor allem müssen sich von uns vertreten wissen. Wir können uns daher manches leisten, eins nicht: dass wir die Armen abschreiben. Wir sind zum Handeln, Helfen und Teilen verpflichtet. Dies gilt für jeden von uns, die Bischöfe und Priester nicht ausgenommen. Als Christen dürfen wir uns nicht allein damit begnügen, dass sich die Caritas in beispielhafter Weise um die Betreuung der Asylanten kümmert. Gefordert ist ebenso das Engagement von Gemeinden, ehrenamtlichen Gruppierungen und Einzelnen.

... Die gegenwärtige Situation ist nicht nur eine Last, sie kann auch Herausforderung und Chance werden. – Die Aufnahme der Asylanten und die Begegnung mit ihnen kann uns erkennen lassen, dass die Wahrung unseres Besitzstandes nicht das einzige Lebensziel sein darf. Wenn wir uns der Not anderer Menschen öffnen und mit ihnen teilen, ändern wir uns selbst und finden zu mehr Mitmenschlichkeit und Solidarität.

Ich möchte Sie deshalb dazu ermutigen, den Kontakt zu den Fremden, die bei uns um Aufnahme bitten, zu suchen, sich mit ihnen anzufreunden und ihnen tatkräftig in ihrem Anliegen zur Seite zu stehen. Immer wieder berichten mir Mitchristen, wie sehr sie selbst durch die Begegnung mit den Asylanten bereichert und beschenkt wurden. Für die Kirche trägt jeder Fremde das Antlitz Christi: ‚Ich war fremd, und ihr habt mich aufgenommen' (Matthäus 25, 35) ..."

Hartnäckiger Widerspruch für Asylsuchende

Die kurdische Familie K. war 1980 wegen des Bürgerkriegs aus der Osttürkei in die Bundesrepublik geflohen. 1995 war ein Arbeitskreis unserer Kirchengemeinde mit ihr in Kontakt gekommen. Sie hatten schon einige Flucht-Stationen hinter sich: Asylantrag, Ablehnung, Weiterwanderung in die Schweiz, dort Antrag auf Asyl und wieder Ablehnung, Rückkehr nach Deutschland, Asylfolgeantrag.

Für immer mehr Menschen in der Gemeinde war die Entscheidung der Familie K., nicht mehr in der Türkei leben zu wollen, nachvollziehbar. Als das Risiko der nicht mehr abwendbaren Abschiebung immer brisanter wurde, haben wir zwei Petitionen an den Hessischen Landtag eingereicht, auch sie vergeblich. Daraufhin begannen wir, Überlegungen in Richtung Kirchenasyl anzustellen.

Nach einem breit angelegten Prozess der Meinungsbildung beschloss der Pfarrgemeinderat (PGR): „Unsere Pfarrgemeinde gewährt 'im gegebenen Fall' Kirchenasyl. Der PGR ruft die Gemeindemitglieder auf, dieses Anliegen solidarisch mitzutragen." Es war klar: Der „gegebene Fall" für Kirchenasyl würde nur festgestellt werden, wenn eine Aussicht auf Erfolg bestünde. Im Fall der Familie K. wäre das die Asylgewährung gewesen oder eine humanitär begründete Ausnahmeentscheidung oder eine freiwillige Ausreise in ein demokratisches Land.

Personelle Vorbereitungen wurden getroffen, räumliche und finanzielle Rahmenbedingungen geklärt. Ein Helferkreis von über 30 Personen für die Präsenz rund um die Uhr stand bereit – einschließlich Arzt, Zahnarzt und Rechtsanwalt. Die gerichtliche Klärung, ob das Herkunftsgebiet der Familie K. in der Türkei damals zum Bürgerkriegsgebiet gehörte oder nicht, fiel – auf Grund fragwürdiger Recherchen des Auswärtigen Amtes – für Familie K.

ungünstig aus. Die Idee einer Weiterwanderung nach Holland oder Frankreich für einen dortigen Asylantrag musste verworfen werden. Wenn überhaupt, dann hätte es für sie nur in Kanada und Australien Chancen gegeben, aufgenommen zu werden – allerdings unter Auflagen, die sie nicht erfüllen konnten.

Schließlich blieben alle Bemühungen ohne Erfolg, alle Rechtsmittel waren ausgeschöpft. Änderungen in den rechtlichen Regelungen zeichneten sich nicht ab, auch ein Kirchenasyl erschien sinnlos. Wir schickten einen Hilferuf an die Frankfurter Oberbürgermeisterin - ohne juristische Argumente, lediglich im Wissen, dass eine Abschiebung unmenschlich wäre: „... die leidvolle Situation der kurdischen Familie K. ... Auf ihrem Pendelweg zwischen Deutschland und der Schweiz haben sie das Pech, gerade 5 Wochen nach dem heute als Stichtag geltenden Tag für 'Altfälle' zum letztenmal nach Deutschland eingereist zu sein, ... Nun haben wir die vage und leise Hoffnung, ... auf eine humanitäre Einschätzung durch Sie zu treffen, die Sie vielleicht dazu bewegen könnte, in irgendeiner Weise zu intervenieren - mit dem Ergebnis, dass die Familie K. nicht abgeschoben wird. ..."

Was wir erreichten: Stadtrat Udo Corts (CDU), zuständiger Ordnungs-Dezernent im Magistrat, bat das Hessische Innenministerium um eine „Rücknahme der Anweisung an die Stadt, aufenthaltsbeendende Maßnahmen zu ergreifen", da es eine unzumutbare Härte sei, die Familie in die Türkei abzuschieben.

Die Bitte wurde vom SPD-geführten Landesministerium abgelehnt. Die daraufhin verfügte Ausweisung wurde – im letzten Moment – unwirksam auf Grund eines ärztlichen Gutachtens über Suizidgefahr von Frau K. im Fall der Abschiebung. Und da sie kurz vor Ablauf der nächsten Ausreisefrist schwanger und reiseunfähig wurde, ergab sich ein weiterer Aufschub.

Anfang Oktober 1999 erfuhren wir von der Absicht der Ausländerbehörde, Herrn K. und Tochter D. abzuschieben; eine Abschiebung der Ehefrau und der 3-monatigen Tochter S. war zunächst nicht vorgesehen. Abgesehen davon, dass wir in der Kirchengemeinde in einem solchen Auseinanderreißen der Familie einen eklatanten Verstoß gegen die grundgesetzlich verbürgten Menschenrechte sahen, bestand im Fall der Abschiebung des Ehemanns und der 6-jährigen Tochter für Frau K. offenkundig wiederum akute Suizid-Gefahr. Die Sozialhilfe für Herrn K. und Tochter D. wurde gestrichen, ihr Wohnrecht in der Unterkunft für Asylsuchende erlosch. Unmittelbar bevorstehende Abschiebung des Ehemanns und der 6-jährigen Tochter war zu befürchten.

Wir wandten wir uns an Udo Corts, inzwischen – nach Landtagswahl und Regierungsübernahme durch die CDU – Staatssekretär im Hessischen Innenministerium: Wir erinnerten ihn an seine seinerzeitige Einschätzung und Intervention als Frankfurter Dezernent beim Innenministerium und machten zusätzlich die zwischenzeitliche Geburt des 2. Kindes und die nun gegebene Suizidgefährdung von Frau K. im Fall der Abschiebung von Ehemann und erstem Kind geltend. Wir baten ihn, die Frankfurter Ausländerbehörde zu veranlassen, einem Verbleib zuzustimmen.

Die Antwort: Die Duldung für Familie K. wurde verlängert und anschließend gab es die Aufenthaltsbefugnis, Arbeitserlaubnis folgte unmittelbar. Für den 1.12.2000 fand sich eine Mietwohnung. Ein Dutzend Mitglieder unserer Gemeinde richtete die Wohnung her und trugen Möbel, Geschirr usw. zusammen. Neues Leben fing an, Zukunft tat sich auf.

Das inhumane Handeln des Staates hatten wir nicht einfach hingenommen, sondern hatten den Mund aufgemacht und widersprochen – bestärkt durch das Evangelium und Gottes Heiligen Geist, der uns in der Gemeinschaft der Kirche zum Handeln gedrängt hatte. Was für eine Freude, dass wir zu Gunsten von konkreten Menschen hatten dem Reich Gottes und seiner Gerechtigkeit dienen können!

---

[1] als Antiphon (Kehrvers) zum Antwortpsalm - für den 26. Sonntag im Jahreskreis / Lesejahr C

[2] Bischof Franz Kamphaus, „Hirtenbrief zur Asylantenfrage" vom 17.9.1986

Verantwortung der glaubenden Getauften

Damit Kirche glaubwürdig so Kirche sein kann, wie sie gemeint ist, ist das Bewusstsein und die Bereitschaft derer, die sie verkörpern, erforderlich, miteinander auch die Verantwortung dafür zu tragen. – In der Verteilung auf die Vielen ergibt sich keine übermäßige Belastung: Jeder ist einfach aufgerufen, in gläubigem Selbstvertrauen seine Wahrnehmung und seine Fähigkeiten geltend zu machen und sie nach seinen Möglichkeiten einzubringen. Dann kann „in Gott" gehandelt werden, kann bedrängten Menschen die zugesagte Entlastung, zum Beispiel trauernden Menschen der versprochene, echte Trost gegeben werden.

Wenn Kirche und Kirchengemeinschaft sich so verhält und darstellt, trauen die Menschen ihr auch zu, dass man mit ihr den Retter-Gott finden kann. Was wiederum bei denen, die so miteinander Kirche sind, die Freude an Gott noch intensiver werden lässt.

Miteinander Kirche sein „funktioniert" aber nicht durch Appelle und Druck. Egal von welcher Seite. Das geht nur, wenn Menschen sich frei, bewusst und gern – nicht vorschnell! – entschieden haben, sich in ihrer Lebensorientierung mehr von Christus prägen zu lassen als von Erziehung, Kultur und gesellschaftlicher Gepflogenheit, und das miteinander leben wollen.

Es gibt ganz klar zwei Möglichkeiten, „dabei zu sein": Diejenigen, die miteinander in vorrangiger Orientierung an Christus seine Kirche sein wollen – also sein Leib in dieser Welt – und die das auch gegenseitig von einander erwarten, werden das in Klarheit leben und die nötige Kraft dafür von ihm beziehen. Und gleichermaßen Berechtigung hat die andere Entscheidung, bei der ein Mensch nicht als mitverantwortliches Glied der Kirche gelten mag. Wird diese Entscheidung transparent gemacht, erspart sie eine Erwartung, die dem Menschen, der sie trifft, nicht gerecht werden wird. Und sehr wohl darf auch dieser Mensch „dabei sein", nämlich auf die liebende Zuwendung Gottes – durch den Dienst der Kirche – glaubend hoffen.

Was wäre es schön, Kirche und Kirchengemeinschaft durchgängig so authentisch zu erleben, dass an ihr ganz deutlich wird: Wenn man Gott ran lässt, zeigt er sich. Als der Retter. Für den Einzelnen und für die ganze Welt.

14 Die Welt braucht Christen, die es sind

Jesus sagte den Jüngern durch ein Gleichnis, dass sie allezeit beten und darin nicht nachlassen sollten: In einer Stadt lebte ein Richter, der Gott nicht fürchtete und auf keinen Menschen Rücksicht nahm. In der gleichen Stadt lebte auch eine Witwe, die immer wieder zu ihm kam und sagte: Verschaff mir Recht gegen meinen Feind! Lange wollte er nichts davon wissen. Dann aber sagte er sich: Ich fürchte zwar Gott nicht und nehme auch auf keinen Menschen Rücksicht; trotzdem will ich dieser Witwe zu ihrem Recht verhelfen, denn sie lässt mich nicht in Ruhe. Sonst kommt sie am Ende noch und schlägt mich ins Gesicht. Und der Herr fügte hinzu: Bedenkt, was der ungerechte Richter sagt. Sollte Gott seinen Auserwählten, die Tag und Nacht zu ihm schreien, nicht zu ihrem Recht verhelfen, sondern zögern? Ich sage euch: Er wird ihnen unverzüglich ihr Recht verschaffen. Wird jedoch der Menschensohn, wenn er kommt, auf der Erde noch Glauben vorfinden? (Lukas 18,1-8)

Jesus – vor 2000 Jahren – fragt: „Wird aber der Menschensohn, wenn er kommt, auf Erden noch Glauben vorfinden?" Trifft diese Frage „uns"? Kann er heute – „bei uns", in seiner Kirche Glauben vorfinden?!

Immer wieder wurde mir die Jahre hindurch mit Erschrecken inne: Es könnte „der Menschensohn" sein, der in der Gestalt von Menschen mit uns Kontakt aufnimmt und der da schaut: Was gibt es da an Glauben zu finden? Wenn Familien kamen, meistens aus der Ferne der Kirche her: „Wir wollen unser Kind taufen lassen." Oder weil sie aus irgendwelchen Gründen im Sinn hatten, dass ihr Kind zur Erstkommunion gehen sollte. Oder

Jugendliche mit der Idee, sich nächstes Jahr firmen zu lassen. Ganz abgesehen von den Leuten, die wieder aufgenommen werden wollten in die Kirche oder die neu zugezogen waren oder aus sonstigen Anlässen den Kontakt aufnahmen mit der Kirchengemeinde. Immer wieder stand ich vor der Frage: Was kann ich Leuten sagen, die zu mir kommen – die meisten wollen ja den Pfarrer sprechen, wenn sie Kirche suchen – mit Hoffnungen für ihr Leben, die sie auf die Kirche richten, mit Hoffnung auf „Heiligen Geist" unter Christenmenschen – was kann ich denen sagen, wohin in der Gemeinde sie gehen können, wo sie bei uns Heilung, Befreiung, Erlösung durch Christus finden?

Ich erschrecke dabei, weil ich spüre: ***Wir*** stehen heute sehr wohl vor der Frage: Findet dieser Jesus Christus in Gestalt der Menschen, die mit uns Kontakt aufnehmen, wirklich eine Glaubensgemeinschaft vor? Findet er bei uns einen Ort, wo es die Realitäten gibt, von denen das Evangelium mit so wunderschönen Worten redet? Oder werden hier Menschen, die sich in Gottes Namen der Kirche anvertrauen, auf den Bauch fallen und sagen: „Ach, das sind ja alles nur schöne Worte!"? – Wie es die ganzen Generationen getan haben, die dann weggeblieben sind. Werden wir ein „Kraftfeld" sein (so nannte das der Limburger Bischof Wilhelm Kempf in seinem Fastenhirtenbrief 1974) – , in dessen Nähe die Menschen merken: „Waw! Das stimmt! Hätte ich kaum zu hoffen gewagt! Heil, Leben – das gibt es hier tatsächlich!" Wo Gottes Geist wirkt, da sind auch Menschen, die ***wollen***, dass Gottes Geist unter ihnen wirklich sei! – Sind wir eine solche Gemeinschaft des Heiligen Geistes? Oder bleibt jeder, der zu uns kommt, allein? Wir sind gefragt, ob wir überhaupt ***wollen***, dass man das bei uns finden kann, was die Menschen angeblich in der Gemeinschaft der Kirche sollen finden können! Wie wichtig ist uns das? Und statt „wichtig sein" kann man auch sagen „glauben": Glauben wir das?

Was meint Jesus eigentlich mit „Glauben"?! Er erzählt das Gleichnis von der Witwe und dem ungerechten Richter und sagt dann: „Wenn es das unter Menschen schon gibt, um wie viel mehr wird Gott denen, die Tag und Nacht (!) zu ihm schreien, ihr

Recht verschaffen!" – Wer von den Kirchenchristen kommt auf die Idee: Gott verschafft mir mein Recht!? Und wer will, dass andere Menschen dem göttlichen Geist in der Kirche zutrauen, dass er ihnen durch unseren gemeinschaftlichen Dienst in der Kirche ihr Recht verschafft? Traue ich das dem Geist dieser kirchlichen Gemeinschaft zu – für mich und für andere?

Ja, wir stehen zugleich auf beiden Seiten: Da sind wir nicht nur die Witwe, sondern auch der Richter. Denn alle, die von sich sagen, sie glauben als Christen an Gott – also alle, die noch nicht aus der Kirche ausgetreten sind – , stehen in der Verantwortung, Gott nicht Lügen zu strafen: indem sie wirklich eine Gemeinschaft sind, zu der Menschen kommen können mit dem Zutrauen: Da finde ich mein Recht! Mein Menschenrecht im Sinn der Menschenwürde, wie der Schöpfer es gemeint hat. Da muss ich nicht irgendetwas sein, nein, da darf ich – ich – leben!

Wie kommt man – auf beiden Seiten – zu solchem Zutrauen? Sicher in erster Linie auf Grund von Erfahrungen. Und wie können die aussehen?

Das alttestamentliche Buch Exodus (das „2. Buch Moses") erzählt von einer bedrohlichen Situation des Volkes. Sie sahen sich in der Gefahr, dass ihnen ihr Leben, ihr Lebensrecht genommen werden könnte: Das Heer der Amalekiter, ein starkes Nachbarvolk, griff Israel an.

Da sagte Mose zu Josua: Wähl uns Männer aus und zieh in den Kampf gegen Amalek! Ich selbst werde mich morgen auf den Gipfel des Hügels stellen und den Gottesstab mitnehmen. Josua tat, was ihm Mose aufgetragen hatte, und kämpfte gegen Amalek, während Mose, Aaron und Hur auf den Gipfel des Hügels stiegen. Solange Mose seine Hand erhoben hielt, war Israel stärker; sooft er aber die Hand sinken ließ, war Amalek stärker. Als dem Mose die Hände schwer wurden, holten sie einen Steinbrocken, schoben ihn unter Mose und er setzte sich darauf. Aaron und Hur stützten seine Arme, der eine rechts, der andere links, sodass seine Hände erhoben blieben, bis die Sonne unterging. So besiegte Josua mit scharfem Schwert Amalek und sein

Heer. (Exodus 17,8-13)

Die schlimmste Situation des Volkes, die man sich vorstellen kann; es geht um Tod oder Leben, um Zukunft oder Untergang: Wird Gott sein Versprechen erfüllen? Oder wird er uns wie eine heiße Kartoffel fallen lassen? In dieser Frage sehen sich die Israeliten. Sie werden angegriffen! Sie sind zahlenmäßig unterlegen! Aber: Solange Mose die Arme hoch halten kann, solange bringt diese zahlenmäßige Unterlegenheit nicht den Untergang mit sich. Solange er, der Anführer des Volkes, „mit Leib und Seele" betet, spielt es keine Rolle, ob sie unterlegen sind oder nicht. Solange also Gottes Volk sich in den wichtigsten Dingen des Lebens Gott anvertraut, kann Gott seine Verheißungen verwirklichen. Da können Mächte dagegen stehen, egal wie mächtig sie sind: Die Treue Gottes ist stärker als alles andere. Ob sich das real auswirken kann, hängt davon ab, ob die Menschen es ihm zutrauen! Der „Glaube" des Evangeliums ist auch hier genannt: ob sie es von ihm erwarten – im Zeichen der erhobenen Hände zum Gebet. Und – diese Geschichte macht es so schön bildhaft deutlich: Wenn Mose dabei allein ist, dann sinken ihm die Arme sehr bald erschöpft herunter. Und nicht nur die Arme, sondern auch das Herz und die Hoffnung und alles, was dazugehört. Er wird gestützt! Ohne „Unter-Stützung" durch die Gemeinschaft würde das Ganze nicht gelingen.

Mich hat wiederholt in Gottesdiensten erschreckt, wie bei Gesängen, die der gegenseitigen Bestärkung hätten dienen können, jeder Singende für sich – als Einzelner allein – ins Gesangbuch geschaut hat. Wo bleibt da die spürbare Gemeinsamkeit?! Wie stark kann man es aber auch immer wieder erleben, wenn bei bestimmten Worten oder bei einem bestimmten Gesang ein Blick einem anderen begegnet und man sich dabei zulacht! Wie das gegenseitig bestärkt in dem, was gemeinsam gesungen wird! Wie gut sind da die Christen in den armen Völkern dran, die kein Geld haben, sich Gesangbücher zu kaufen! Sie haben noch die Möglichkeit, einander anzuschauen, wenn sie im Gottesdienst miteinander singen, so dass sie einander Bestärkung liefern können! Bei uns aber verstärkt sogar das gemeinsame Singen oft die Vereinzelung. Vor allem wenn die Orgel so laut spielt, das man die eigene Stimme nicht mehr hört. Eine Verweigerung der Gemeinschaft, die sich ja oft in den Kirchen auch darin zeigt, in welchen Abständen die Einzelnen ihre Plätze wählen. – Unterstützung??? - Fehlanzeige!

„Wird der Menschensohn, wenn er kommt, ..." – und er kommt ja laufend, wir merken es nur kaum mal; er kommt in allen möglichen Gestalten! – „wenn der Menschensohn kommt, wird er auf der Erde" – und auf uns bezogen – „wird er bei uns Glauben finden???"

15 Wenn andere trauern

In jener Zeit sprach Jesus: Kommt alle zu mir, die ihr euch plagt und schwere Lasten zu tragen habt. Ich werde euch Ruhe verschaffen. Nehmt mein Joch auf euch und lernt von mir; denn ich bin gütig und von Herzen demütig; so werdet ihr Ruhe finden für eure Seele. Denn mein Joch drückt nicht und meine Last ist leicht. (Matthäus 11,28-30)

So mancher von uns ist unruhig, plagt sich und ist schwer belastet, weil ein Mensch gestorben ist, der ihm wichtig war. „Kommt alle zu mir, die ihr euch plagt und schwere Lasten zu tragen habt; ich werde euch Ruhe verschaffen."

Aber wie denn? Mir Ruhe verschaffen – wie soll das einer können, wenn mir gerade mein Kind gestorben ist, mein Ehepartner, mein bester Freund?!

Seine Einladung steht: „Kommt zu mir!" So hat er es damals gesagt. Menschen, die das gehört haben, konnten einfach zu ihm hingehen. Aber wie soll das heute gehen?! – Wenn die Einladung auch uns heute gilt: Wie sollen Menschen, die belastet sind mit dem Tod eines anderen, der ihnen wichtig war, – wie sollen sie heute zu ihm kommen, so dass er ihnen Ruhe verschafft?

Die gesamte Botschaft des Neuen Testaments gibt eine klare Antwort: Geht zur Gemeinde, die ihn ja verkörpert! Dort werdet ihr die Ruhe finden, die ich euch schenke. Sie werden euch helfen. Sie werden so für euch und mit euch da sein, dass ihr Ruhe finden werdet: ihr, die ihr euch plagt und schwere Lasten zu tragen habt – auch die schwerste Last, die einer zu tragen bekam in seinem Leben – und das ist für viele die, einen geliebten, ihnen nahe stehenden Menschen verloren zu haben.

Wir wissen, dass das aber so einfach nicht ist. Es kann sein, dass einzelne Menschen schon mal wirklich dadurch von Christus die versprochene Ruhe bekommen haben, dass sie sich der Gemeinde anvertraut haben. Aber das ist die Ausnahme. Nur – das bedeutet dann, dass wir zu wenig Gemeinde Christi sind, zu wenig ihn verkörpern. Je mehr wir ihn verkörpern, um so mehr wird seine Zusage Wirklichkeit werden.

Wie kann nun aber eine Gemeinde von Christen diesen Dienst besser tun: den Dienst, so miteinander Gemeinde zu sein, dass Menschen, die Christus etwas Gutes zutrauen, in seiner Gemeinde wirklich die versprochene Ruhe finden? Nur mal beschränkt auf die Belastungen dadurch, dass Menschen jemanden verloren haben, der ihnen wichtig war: Wie können wir mehr, besser, echter so Christen sein, Gemeinde sein? – Ich bin sicher: Heute die Frage zu stellen, ist wichtiger, als vorschnelle Antworten zu geben. Hauptsache, wir in den Gemeinden interessieren uns für diese Frage. Es braucht einen jahrelangen Weg, bis wir so weit sind, sagen zu können: Mitmenschen und Mitchristen haben jetzt mehr Chancen, die Erfüllung dieses Versprechens von Jesus bei uns zu finden.

Immer wieder gibt es Erfahrungen, an denen wir anknüpfen können: wo wir nach einer Antwort suchen können auf unsere Frage. Ich erinnere mich gut an ein Begräbnis an einem Silvestertag, als niemand von den Hinterbliebenen mitging. Weil ich das vorher ahnte, sprach ich ein Gemeindemitglied an; sie ging daraufhin mit. Immer wenn ich höre und erlebe, dass nur ganz wenige oder niemand mitgeht, höre ich Menschen sagen, das sei schlecht.

Dann war wieder so ein Fall, wo jemand aus dem Alten- und Pflegeheim starb. Es gab keine Hinterbliebenen. Aus Erfahrung musste ich davon ausgehen, dass auch aus dem Heim niemand mitgeht – also niemand außer den vier städtischen Sargträgern und mir. Darauf habe ich in der Gemeinde aufmerksam gemacht, und drei Gemeindemitglieder waren dann dabei. Diese drei Personen haben es ebenso wie ich als wichtig empfunden, dass wir zu viert aus der Gemeinde da waren. Wir vier haben tatsächlich gereicht. Wir hätten nicht mehr sein müssen. Aber dass außer dem Pfarrer noch drei weitere da waren, das war ein ganz wichtiger Dienst! Beim Mitgehen zur Beerdigung ist vielen die Ausdrucksweise geläufig, „jemandem die letzte Ehre zu geben". Mitgehen, den Sarg zum Grab begleiten – das scheint noch wichtiger zu sein als irgendein gottesdienstlicher Akt. Und wenn die Sargträger und der Pfarrer das noch so würdig tun: Nur Profis sind dabei, das persönliche Beachtetsein fehlt. Wie schön, wie entlastend ist es, wenn man sich darauf verlassen kann: Menschen aus der Gemeinde tun diesen Dienst, gehen mit, so dass niemand Angst haben muss, unbeachtet aus der Welt „entsorgt" zu werden.

Ein zweites: Trauer lähmt. Wer trauert, weil jemand gestorben ist, der singt nicht nur nicht, – der redet auch nicht. Meistens. Und wenn man auf den Friedhof kommt und sieht, wie die Verwandten vor Beginn der Trauerfeier draußen beisammen stehen, dann werden sie oft Totenstille erleben. Und es ist etwas Erlösendes für die Gelähmten, wenn sie veranlasst werden, sich zu bewegen. Für die Verstummten ist es eine Erlösung, wenn sie veranlasst werden, den Mund aufzumachen. Dann erleben ja diese Trauernden, dass man sich in dieser Situation auch anders verhalten ***kann***, als sie es von sich aus tun. Und das kann zur Hoffnung anstiften, dass man auch selbst wieder beweglich wird und wieder wird reden können. Dass viele so empfinden, wird daran deutlich, dass immer bei Beerdigungen, wenn nur einzelne Gemeindemitglieder dabei sind und die Trauergemeinde, die sich versammelt hat, die ganze Zeit über sitzen bleibt und kein Wort spricht, diese Gemeindemitglieder hinterher darüber enttäuscht sind wie der Pfarrer: Niemand hat „mitgemacht". Und dann gibt es etwas, wie man das ganz einfach ändern kann: Es müssen nur zwei, aber mindestens zwei Personen nebeneinander ihren Platz in der Halle haben – mit dem Bewusstsein, die Gemeinde zu vertreten. Wenn sie dann zum Beispiel auf den Ruf „Herr, erbarme dich!" – wie auch sonst bei Gottesdiensten – nicht stumm bleiben, sondern laut den Ruf wiederholen: „Herr, erbarme dich!" und bei der Einladung zum Vaterunser dieses Gebet auch wirklich sprechen oder auf die Einladung „Lasst uns beten!" aufstehen, wie wir es sonst in der Kirche ja auch gewohnt sind, dann tun sie damit einen wichtigen Dienst. Einer allein kann das schlecht; ein einzelner wird da schnell als jemand betrachtet, der sich hervortut oder wichtig machen will. Aber mindestens zwei gemeinsam können anfangen, Gemeinde Christi zu sein bei einer solchen Trauerfeier und können ganz schnell die Unentschlossenen anstecken. Ich erlebe immer wieder, was ganz wenige aus der Gemeinde vermögen, wenn sie sich einer gelähmten, verstummten und hilflosen Trauergemeinde einfügen.

Ein kleiner, aber wichtiger Dienst. „Kommt zu mir!" Jesus sagt, er sei da zu finden, wo Menschen sich in seinem Namen versammeln. Auch die Trauerfeier am Friedhof ist ein Gottesdienst in seinem Namen. Kirchliches Tun. Gemeinde muss sein. „Ihr werdet Ruhe finden." Wenn aber nur der eine Profi da vorne steht, von dem Worte und Bewegung kommen, dann sagen manche vielleicht hinterher: „Er hat schön gepredigt, er hat trostreiche Worte gefunden." Das steht dann auch in den Dankanzeigen in der Lokalzeitung. Man kann dann vielleicht sagen: „Es war eine schöne Leich'." Aber eine sich festsetzende Hilfe kann nicht der Profi allein geben. Mindestens zwei Nicht-Profis aus Kirche, wenn möglich gestützt durch den Profi, die können das. Und zwar wie Bausteine in einem Mosaik. Wenn ihr Dienst, mit anderen Elementen kombiniert, eine Gesamterfahrung von christlicher Gemeinde bringt, aus der heraus so richtig zu spüren ist „Kommt zu mir, die ihr euch plagt und schwere Lasten zu tragen habt", dann wird er den Trauernden die versprochene Ruhe verschaffen.

Ein Drittes möchte ich noch nennen. Es hat nicht mit dem Begräbnis zu tun, ist aber ein wichtiger Dienst, den christliche Gemeinde im Kontakt mit trauernden Menschen leisten kann: „Es wird schon wieder werden; es ist ja nicht so schlimm." Wer wirklich trauert, fühlt sich bei solchen Worten nur unverstanden. Eine zusätzliche Belastung ist es, wenn jemand im Schmerz der Trauer auch noch das Trauern verboten oder ausgeredet bekommt. Natürlich ist es schlimm, wenn jemand gestorben ist!

Und jemandem, der gerade einen lieben Menschen verloren hat, kann man eben nicht sagen „Es wird schon wieder werden." In der Bibel gibt es viele Texte, die menschliche Trauer in Worte fassen: Heilige Schrift, Gottes Stimme, der sich solidarisiert mit den Trauernden; der niemandem verbietet, mit Gott zu hadern; aber der da sein will und der sich stellen will als ein Du, auf das man alles abladen kann. Dieses Du will Gestalt annehmen. Ein solches Du, bei dem man authentisch trauern darf, – wenn das Gestalt annimmt, menschlich, in einer Gemeinde, dann bringt das viel mehr als der gewisse Ruck, mit dem man „sich am Riemen reißt". Der Trauernde soll Gottes Solidarität finden, indem er Menschen findet, die sich für Gott zur Verfügung halten; die ihm dienen, indem sie diesem Trauernden dienen. Es geht mir also um diesen dritten Dienst: dass wir als Kirche den Trauernden, statt ihnen ein zusätzliches Problem aufzuladen, die Nähe Gottes, seine Solidarität und Liebe zu erfahren ermöglichen.

Es gibt eine ganze Menge weiterer Dienste, die wir als christliche Gemeinschaft Trauernden geben können – eine Aufgabe, die bedacht sein will, die Mitarbeiterinnen und Mitarbeiter sucht. Wer selber solche Hilfe erlebt hat, wird vielleicht bereit sein, sie auch gegenüber anderen mitzutragen. Auch gilt: Wir können nicht allen helfen. Und: Wir dürfen nicht allen einen Dienst aufzwingen; das kann nur in Freiheit geschehen. Menschen, die selbstherrlich meinen, alles und ihre ganze Zukunft sich selber machen und sichern zu können, denen werden wir einen solchen Dienst nicht tun können. Aber Menschen, die zu ihrer Begrenztheit stehen – oder ‚wie Jesus es sagt, „den Unmündigen, denen der Vater das alles offenbart hat" (Matthäus 11,25), die nicht so voller Stolz sind auf ihre eigene Lebenstüchtigkeit, – denen werden wir den Dienst tun können; sie werden die genannten Beispiele für unser mögliches Verhalten als solchen Dienst erleben können.

Christus lädt seine Christen dazu ein, damit er seinen Dienst tun kann.

Trauer in der Gemeinde

Häufig fanden Menschen aus der Kirchengemeinde, die Trauerfeiern auf dem Friedhof seien unbefriedigend. Immer wieder wurde gesagt, da sei doch mehr Hilfe möglich für die Trauernden. Eine Arbeitsgruppe nahm sich der Anregungen an und verbreitete sie in der Gemeinde durch eine Serie von Gesprächen mit verschiedenen Gruppen. Der Pfarrgemeinderat griff das Anliegen auf und machte einen Vorschlag schriftlich publik (1989):

Kommt alle zu mir, die ihr euch plagt und schwere Lasten zu tragen habt. Ich werde euch Ruhe verschaffen. (Mt 11,28-30)

Wenn ein Verwandter oder Bekannter stirbt, sind wir betroffen und werden nachdenklich. Mitten in der Hektik und Unruhe unseres Alltags halten wir inne. Wir sind angerührt vom Tod.

Fragen kommen auf nach dem Sinn und Ziel unseres Lebens, nach unserem eigenen Sterben, nach dem, was dem Tod folgt. Wir hoffen darauf, dass es nach dem Tod weitergeht. Wir vertrauen auf Gott, dass er uns in ein neues Leben holt!?

„... da lebt und stirbt man nicht allein"

Manchen ängstigt die Vorstellung, dass er vielleicht nach seinem Tod unbeachtet aus der Welt „beseitigt" werden könnte, dass niemand hinter seinem Sarg hergeht.

Wenn wir in Zukunft – wenn möglich immer – ein Foto des Verstorbenen mit der Bekanntmachung in den Schaukasten hängen, hilft das vielleicht, sich zu erinnern: Den/die kenn ich doch, die/den hab' ich oft im Gottesdienst gesehen. Und vielleicht animiert das, dann auch mit zur Beerdigung zu gehen.

Trauer lähmt, Trauer behindert. Den Gottesdienst (!) in der Trauerhalle können die am nächsten Betroffenen oft kaum mitvollziehen. Sie brauchen Hilfe, Menschen, die ihnen ihre Sprachlosigkeit überwinden helfen, indem sie den Trauergottesdienst aktiv mitfeiern: Antworten geben, mitsingen, zum Gebet aufstehen usw.

„... denn sie werden getröstet werden"

Es kommt in der christlichen Gemeinde auch darauf an, dass wir Trauer und Klage nicht unterdrücken. Menschen trauern sehr unterschiedlich. Wir können ihnen „Ruhe verschaffen". Das braucht unser Verständnis, unsere Geduld und unsere Zuwendung.

Dann könnten Trauernde in unserer Gemeinde den Mut entwickeln, über ihre Gefühle nach einem belastenden Tod zu sprechen – vor allem auch in Gruppen, in denen man einander kennt.

Das heißt dann: Trauer gemeinsam tragen, die Trauer des anderen mit-tragen, sie ihm er-trag-bar machen.

16 Das anvertraute Vermögen investieren

Jesus erzählte seinen Jüngern das folgende Gleichnis vom „Himmelreich":

Es ist wie mit einem Mann, der auf Reisen ging: Er rief seine Diener und vertraute ihnen sein Vermögen an. Dem einen gab er fünf Talente Silbergeld, einem anderen zwei, wieder einem anderen eines, jedem nach seinen Fähigkeiten. Dann reiste er ab. Sofort begann der Diener, der fünf Talente erhalten hatte, mit ihnen zu wirtschaften, und er gewann noch fünf dazu. Ebenso gewann der, der zwei erhalten hatte, noch zwei dazu. Der aber, der das eine Talent erhalten hatte, ging und grub ein Loch in die Erde und versteckte das Geld seines Herrn. Nach langer Zeit kehrte der Herr zurück, um von den Dienern Rechenschaft zu verlangen. Da kam der, der die fünf Talente erhalten hatte, brachte fünf weitere und sagte: Herr, fünf Talente hast du mir gegeben; sieh her, ich habe noch fünf dazu gewonnen. Sein Herr sagte zu ihm: Sehr gut, du bist ein tüchtiger und treuer Diener. Du bist im Kleinen ein treuer Verwalter gewesen, ich will dir eine große Aufgabe übertragen. Komm, nimm teil an der Freude deines Herrn! Dann kam der Diener, der zwei Talente erhalten hatte, und sagte: Herr, du hast mir zwei Talente gegeben; sieh her, ich habe noch zwei dazu gewonnen. Sein Herr sagte zu ihm: Sehr gut, du bist ein tüchtiger und treuer Diener. Du bist im Kleinen ein treuer Verwalter gewesen, ich will dir eine große Aufgabe übertragen. Komm, nimm teil an der Freude deines Herrn! Zuletzt kam auch der Diener, der das eine Talent erhalten hatte, und sagte: Herr, ich wusste, dass du ein strenger Mann bist; du erntest, wo du nicht gesät hast, und sammelst, wo du nicht ausgestreut hast; weil ich Angst hatte, habe ich dein Geld in der Erde versteckt. Hier hast du es wieder. Sein Herr antwortete ihm: Du bist ein schlechter und fauler Diener! Du hast doch gewusst, dass ich ernte, wo ich nicht gesät habe, und sammle, wo ich nicht ausgestreut habe. Hättest du mein Geld wenigstens auf die Bank gebracht, dann hätte ich es bei meiner Rückkehr mit Zinsen zurückerhalten. Darum nehmt ihm das Talent weg und gebt es dem, der die zehn Talente hat! Denn wer hat, dem wird gegeben, und er wird im Überfluss haben; wer aber nicht hat, dem wird auch noch weggenommen, was er hat. Werft den nichtsnutzigen Diener hinaus in die äußerste Finsternis! Dort wird er heulen und mit den Zähnen knirschen. (Matthäus 25,14-30)

Da gibt es eine lange Reihe von Gleichnissen vom „Himmelreich"! [1] Das Matthäus-Evangelium hat die ausgiebigste Serie von Gleichnissen überliefert, die wir von Jesus haben. In bildhafte Vorstellungen gefasste, von Jesus erdichtete Geschichten, mit denen er jeweils einen bestimmten springenden Punkt rüberbringen wollte.

Aus dieser ganzen Serie von Himmelreich-Gleichnissen ist manchen das Gleichnis vom Sämann vertraut, der das Wort vom Reich Gottes auf unterschiedlichen Boden aussät (Matthäus 13,1-9). Anderen das Gleichnis von den Arbeitern im Weinberg, von denen die, die nur eine Stunde geschafft haben, das gleiche Geld kriegen wie die, die 12 Stunden geschuftet haben (Matthäus 20,1-16a). Besonders bekannt ist dieses Gleichnis von den sogenannten Talenten.

Es geht immer um das Eine: um das „Himmelreich", wie der Evangelist Matthäus es nennt. In den anderen Evangelien kommen oft dieselben Gleichnisse vor, allerdings heißt das dort immer „Reich Gottes". Matthäus schrieb für Juden, und für die galt es als eine Beleidigung Gottes, wenn man seinen Namen, das Wort „Gott" in den Mund nahm. Also haben sie statt „Gott" gesagt „der Himmel". Das machen manchmal auch wir heute noch, etwa wenn wir sagen: „Der Himmel weiß, ob ..." Bei dem, wovon diese Gleichnisse reden, geht es also nicht um eine

Beschreibung des Gottesreichs „im Himmel", fern von uns; das wäre ein Missverständnis des Wortes „Himmelreich": als ob es um etwas ginge, was nach dem Sterben kommt, im Jenseits. Nein, es geht dabei um Gottes Reich, das in dieser Welt anfängt, um seinen Herrschaftsbereich, wie ein Regierender einen Herrschaftsbereich hat. Der soll sich ausweiten. Es gibt ja unzweifelhaft Realitäten in unserer Welt, die noch nicht von Gottes Herrschaft geprägt sind; die außerhalb seines Herrschaftsbereichs liegen, weil er bis dahin (noch) nicht vordringen konnte.

Das „Reich Gottes" ist in den Evangelien ein zentrales Anliegen in der Verkündigung Jesu. Es ist ein Begriff, der sehr viele Aspekte umfassen kann. Deswegen malt Jesus mit seinen Worten viele Gleichnis-Bilder und benennt jedes Mal einen anderen Aspekt.

Und welchen Aspekt meint er hier in diesem Gleichnis?

Ein Mann, ein Unternehmer, ein „Herr" jedenfalls, hat Diener und hat Vermögen. Er geht fort, er ist jetzt nicht mehr anwesend. Viele Menschen beklagen Gottes Abwesenheit; sie erkennen: Er ist nicht da. Der Mann ist auf Reisen gegangen. Und da ist die Rede von seinem Vermögen. Mit dem einen Ohr hören wir: Es geht um sein Geld; so und soviel Silbergeld [2] wird ja aufgezählt. Mit dem anderen Ohr hören wir: Sein „Vermögen" im Sinne seiner wirtschaftlichen Potenz und aller seiner Fähigkeiten und Möglichkeiten – eben die Summe alles dessen, was er vermag. – Was macht er damit während seiner Abwesenheit? Er teilt es auf. Bevor er weggeht, schließt er es nicht weg. Seine Leute müssen nicht darauf verzichten und es entbehren! Sondern damit sein Vermögen wirken kann, teilt er die Verantwortung auf. Er vertraut seinen Dienern. Er ruft sie und vertraut ihnen sein Vermögen an. Jeder bekommt je nach seinen Fähigkeiten. Vorsicht: Es sieht so aus, als ginge es nur um einen Unterschied in der Menge: der eine 5, der andere 2, der andere 1. Aber wie soll das in einer Bildgeschichte auch anders gehen, wenn das Vermögen im Bild von Silbergeld aufgeteilt wird; da gibt es nur verschiedene Mengen, die man als einziges unterscheiden kann, wenn deutlich werden soll: Alle werden nicht über einen Kamm geschoren, sondern bekommen individuell zugeteilt – je nach Persönlichkeit.

Was machen die Menschen mit Gottes Möglichkeiten, die ihnen anvertraut wurden? Was genau ist der springende Punkt in diesem Gleichnis? Zum Glück nennt Jesus 3 Beispiele, damit wir ihn nicht missverstehen, als käme es nur darauf an, viel abbekommen zu haben. Nein – unabhängig von der Menge – genau dieselben Worte gelten für den, der 5 + 5 wieder zurückgebracht hat wie für den, der 2 + 2 wieder zurückgebracht hat. Es kommt nur darauf an: Diese beiden haben ganz schön riskant gewirtschaftet: Sie haben dieses Vermögen so investiert in die Realitäten, dass es dabei hätte ganz drauf gehen können. Aber sie haben offensichtlich Vertrauen, dass das was bringt und dass das geht. Sie haben das Vertrauen, dass sie da wirklich ein „Vermögen" einsetzen können und also damit etwas zu bewirken vermögen. Sie haben nicht gesagt: Um Gottes willen, das sind Gottes Fähigkeiten, die muss ich heilig aufbewahren und nur ja zurückgeben können, wenn er wiederkommt. Das allerdings tut der Dritte: Er erschaudert vor dem Herrn vor lauter Ehrfurcht und wird so starr, dass ihn nur noch Angst beherrscht; Ehrfurcht wird für ihn zur Angst. Staunen wird für ihn zum Erschaudern und Erzittern und zum Versinken. So wird er ganz klein und unfähig. Ihn beschäftigt nur „Bewahren!" Und damit tut er genau das Gegenteil von dem, was eigentlich „konservativ" wäre, nämlich das, was ihm übergeben ist, zum Wirken zu bringen – „wie im Anfang, so auch jetzt und allezeit". Nein, was er tut, ist ohne Vertrauen, ist destruktiv.

Wo ist die Verbindung zu unseren Realitäten heute? – Mir ist vor langer Zeit vom Zahnarzt eine sogenannte Aufbiss-Schiene verordnet und angefertigt worden. Wenn ich ins Bett ging, legte ich sie an. Wenn nicht, spürte ich am Morgen beim Aufwachen Schmerzen im Kiefer und wusste: Heute Nacht habe ich mal wieder kräftig mit den Zähnen geknirscht. Ich musste davon ausgehen, dass bestimmte Realitäten mich auch im Traum nicht losließen, sondern mich so belasteten, dass ich nachts mit den

Zähnen knirschte. Manchmal sind ja solche Realitäten auch tatsächlich zum Heulen. Es gibt sie: die Hölle, die Hölle auf Erden. Es gibt das Reich des Bösen, das Böse als herrschende Kraft. Und immer wieder wirkt das auf uns. Und Gott will das nicht!

Gott will uns retten aus allem Bösen. Er will uns retten aus allem, was das Leben mindert und kaputt macht. Deswegen will er sein Reich ausweiten. Er hat das entsprechende Vermögen dazu.

Wenn das aber allem Anschein nach herzlich wenig wirkt, – woran mag das liegen? Vielleicht daran, dass es zu viele seiner Diener gibt, die es machen wie der Dritte in dem Gleichnis: die nur Angst vor Gott haben oder mit Gott kaum rechnen? Und weil es zu wenige gibt, die das vorhandene Vermögen voller Vertrauen einsetzen und nutzen?

Es gibt zwei zentrale Aspekte in all den Worten und Bildern vom Reich Gottes in der Bibel:

Das eine ist das Wort von der Rettung: Die Erlösten aus der Vision des Johannes sind die, die „aus der großen Bedrängnis" (Offenbarung 7,14), aus der Zähne knirschenden Bedrängnis kommen und die voller Freude ausrufen: „Die Rettung kommt vom Lamm, vom Lamm Gottes!" (Offenbarung 7,10) „Rettung" ist einer der zentralen Bildgedanken vom Reich Gottes.

Das zweite Zentrale ist, wohin und wozu gerettet wird: die Gerechtigkeit. Eine Rettung, so dass Gerechtigkeit entsteht, eine umfassende Gerechtigkeit. Das ist die Richtung von Gottes Weg. Und Gottes Volk geht diesen Weg zu seinem Reich hin. Mit Gottes Vermögen – auf seine Diener, auf die Glieder seines Leibes verteilt. Erfüllt mit seinem Geist, „der das Werk deines Sohnes auf Erden weiterführt und alle Heiligung vollendet" [3]. Ein Wirkendes also, eine Wirk-lichkeit, die wachsen will.

Das ist das Zentrale, und es kommt darauf an, wie Christen dazu Stellung nehmen: Sagen wir dazu Ja gemäß dem Versprechen unserer Taufe „Ich glaube ..."? Oder sagen wir „Man kann nie wissen" und „Lieber aufbewahren!" – ohne dass es wirken kann?

Wer hat – also wer wahrnimmt, ich ***habe*** Anteil an Gottes Vermögen – , wird die Erfahrung machen: Ich muss nicht geben; mir wird gegeben! Wer weiß, dass er „hat" – Anteil hat an Gottes Vermögen – wer weiß, ihm wurde anvertraut, – dem wird noch dazu gegeben, und er wird im Überfluss „haben". Aber wer nur sagt: „Gott? Ich? Haben? Was habe ich schon für Möglichkeiten?!" – wer meint, nichts zu haben in diesem Sinn, der wird leider Gottes die Erfahrung machen, dass auch das, was er zu haben meint, keinen Bestand hat. Und dann kommt es zum Zähneknirschen. Nicht nur individuell: Ich reihe mich nicht einfach ein in die von der Art des Dritten, aber ich lebe vielleicht in einer Welt, in der die von der dritten Sorte zu viele Wirkungen hervorrufen.

Gottes Reich: Hoffnungsbild für unsern Weg und unser Leben. Und Er hat da ein mächtiges Vermögen investiert!

Jan

Wieder war eine Gruppe von 14- bis 16-Jährigen beisammen. Etwa ein Jahr lang. Irgendwann hatten wir dem auf Anregung einer Jugendlichen den Namen „Christentraining" gegeben.

Nun mündete das Christentraining in die Frage: Nachdem ich also Glauben und Christsein, wie die Kirche es versteht, jenseits der Kinderjahre neu kennen gelernt, mich damit auseinander gesetzt und es auch praktisch geübt, „trainiert" habe – was ist jetzt meine eigene Stellung und Entscheidung dazu? Will ich, dass das mein Lebenskonzept ist? Will ich deshalb in einem mündigen Ja zu meiner Taufe, über die damals meine Eltern entschieden hatten, mich firmen lassen?

Einer der Jugendlichen war Jan. Durch seine eigene offene Art der Beteiligung hatte er die Gruppe bereichert. Man mochte ihn. Die Entscheidungsfrage, die nun anstand, wurde in der Gruppe besprochen. Jans Stellungnahme: Ich habe verstanden, worum es hier geht, und ich finde das gut. Aber noch wichtiger sei ihm sein Engagement in der politisch linken Gruppe, von dem die anderen schon lange wussten. In gegenseitiger Achtung vor den jeweils anderen Sichtweisen, die zu unterschiedlichen Entscheidungen führten, fand der Austausch darüber statt. Der sich anschließende Kurs zur Vorbereitung auf die Firmung lief ohne Jan, die entstandene Freundschaft aber ging weiter.

Jan hätte sein Eigenes „ängstlich verstecken" können, weil *„ich wusste, dass du ein strenger Mann bist"* beziehungsweise weil der Gott, um den es in diesem kirchlichen Zusammenhang geht, – wie so mancher ja zu wissen glaubt – ein „strenger Mann" ist. Statt dessen aber hat er seine ihm eigenen Möglichkeiten authentisch in den Dialog eingebracht. Dadurch war seine „abweichende" Entscheidung nachvollziehbar und kein Problem. Vielmehr veranlasste er damit die Anderen zum Bemühen um eine ähnlich authentische Klärung und Kommunikation ihrer eigenen Entscheidung ***für*** die Firmung. So erwies sich unversehens das „Nein" von Jan als wertvoller Einsatz des ihm anscheinend „anvertrauten Talentes" – vielleicht mit der Wirkung, dass er damit die Anderen dazu veranlasst hat, in Zukunft um so echter den glaubenden Weg in Richtung von Gottes Reich zu gehen.

---

[1] In den Sonntags-Gottesdiensten im Lesejahr A (2011, 2014, ...) in Serie am 15., 16., 17., 24., 25., 27., 28., 32. und 33. Sonntag im Jahreskreis
[2] 1 Talent Silbergeld war ungefähr die Summe eines durch-schnittlichen Lebensarbeitseinkommens.
[3] aus dem 4. Hochgebet der Eucharistiefeier

17 Christus den Vorrang geben

Wem es wichtig ist, sich ein Auto anzuschaffen oder einen schönen Urlaub zu verbringen, der lässt sich das viel Geld kosten. Wem es wichtig ist, seinen Kindern gute Eltern zu sein oder beruflich vorwärts zu kommen, lässt sich das viel Zeit und Mühe kosten. Wem es wichtig ist, seine Ehe oder eine Freundschaft auch durch Spannungen hindurch zu bringen, lässt sich das so manches Zurückstellen eigener Interessen kosten. Jesus war es am wichtigsten, den Menschen seine befreiende, rettende Liebe zu bringen. Er ließ sich das sein Leben kosten.

Wie wichtig ist es mir, Christ zu sein? Wie viel lasse ich mir das kosten?

Viele Menschen begleiteten Jesus. Da wandte er sich an sie und sagte: Wenn jemand zu mir kommt und nicht Vater und Mutter, Frau und Kinder, Brüder und Schwestern, ja sogar sein Leben gering achtet, dann kann er nicht mein Jünger sein. Wer nicht sein Kreuz trägt und mir nachfolgt, der kann nicht mein Jünger sein.

Wenn einer von euch einen Turm bauen will, setzt er sich dann nicht zuerst hin und rechnet, ob seine Mittel für das ganze Vorhaben ausreichen? Sonst könnte es geschehen, dass er das Fundament gelegt hat, dann aber den Bau nicht fertig stellen kann. Und alle, die es sehen, würden ihn verspotten und sagen: Der da hat einen Bau begonnen und konnte ihn nicht zu Ende führen. Oder wenn ein König gegen einen anderen in den Krieg zieht, setzt er sich dann nicht zuerst hin und überlegt, ob er sich mit seinen zehntausend Mann dem entgegenstellen kann, der mit zwanzigtausend gegen ihn anrückt? Kann er es nicht, dann

schickt er eine Gesandtschaft, solange der andere noch weit wegist, und bittet um Frieden.
Darum kann keiner von euch mein Jünger sein, wenn er nicht auf seinen ganzen Besitz verzichtet. (Lukas 14,25-33)

Kompromisslos. Hart. Streng. So spricht hier Jesus! – Er nennt Menschen, die einem am wichtigsten sind, am nächsten stehen. Er fügt an: das eigene Leben. Und am Ende nennt er noch den „ganzen Besitz".

Und dann steht da das Wort „gering achten". Im griechischen Text, im Original, steht da das Wort, das im Wörterbuch auf Deutsch übersetzt ist mit dem Wort „hassen": Wer nicht die und die Leute und sein eigenes Leben „hasst" ... – Noch schlimmer! – Ich weiß nicht, warum die Übersetzer „gering achten" übersetzt haben. Vielleicht war es ja das Bestreben, das Ganze ein wenig weniger Anstoß erregend zu machen: Es kann doch nicht im Sinne von Jesus liegen, Ehepartner, Kinder, Eltern, Geschwister, ... oder sich selber zu hassen!

Ich bin sicher, es liegt wirklich nicht in seinem Sinn. Vielleicht gibt es eine – nicht verharmlosende, beschönigende – eine echte Erklärung darin zu finden, dass es in der aramäischen Ursprache, in der Jesus gesprochen hat, keine Vergleichsform, keinen Komparativ, gibt. Man kann da also nicht sagen „Wer mich mehr liebt als ...", sondern es heißt dort „Wer mich liebt im Vergleich zu ..." Dann höre ich hier: Wer nicht bereit ist, alles das, was da aufgezählt wird, im gegebenen Fall weniger hoch zu achten, weniger zu lieben, für weniger wichtig zu nehmen als mich, ..." Falls das – ungewollt – auch nur eine Beschönigung sein sollte, bitte ich um Nachsicht; ich bin auch einer, bei dem dieser Text Anstoß erregt.

Also ich höre hier am ehesten – wie gesagt, mit Fragezeichen dahinter: „Wer nicht mich, Jesus, am wichtigsten nimmt, nämlich noch wichtiger als die ihm nächsten und ihm wichtigsten Personen, ja noch wichtiger als das eigene Leben und seinen ganzen Besitz, – der kann nicht mein Jünger sein; der kann nicht zu meiner Jüngerschaft gehören, zu meiner Kirche; der kann nicht Christ sein.

Ein Beispiel aus der Bibel, an dem deutlich wird, wie das konkret gemeint ist: Philemon, Bürger einer Stadt am Mittelmeer, ein Bekannter des Apostels Paulus, auch ein Christ. Ihm davongelaufen ist sein Sklave mit Namen Onesimus (auf deutsch „der Nützliche"!). Den hat Paulus kennen gelernt, als Christ geworben und getauft. Paulus traut sich nun, ihn seinem Herrn Philemon wieder zurückzuschicken, obwohl der das Recht hat, den entlaufenen Sklaven zu töten. Paulus gibt ihm einen Brief mit, in dem er Philemon auf den Preis aufmerksam macht, den es ihn hier kostet, ein Christ zu sein.

Lieber Bruder! Ich, Paulus, ein alter Mann, der jetzt für Christus Jesus im Kerker liegt, ich bitte dich für mein Kind Onesimus, dem ich im Gefängnis zum Vater geworden bin. Ich schicke ihn zu dir zurück, ihn, das bedeutet mein eigenes Herz. Ich würde ihn gern bei mir behalten, damit er mir an deiner Stelle dient, solange ich um des Evangeliums willen im Gefängnis bin. Aber ohne deine Zustimmung wollte ich nichts tun. Deine gute Tat soll nicht erzwungen, sondern freiwillig sein. Denn vielleicht wurde er nur deshalb eine Weile von dir getrennt, damit du ihn für ewig zurückerhältst, nicht mehr als Sklaven, sondern als weit mehr: als geliebten Bruder. Das ist er jedenfalls für mich, um wie viel mehr dann für dich, als Mensch und auch vor dem Herrn. Wenn du dich mir verbunden fühlst, dann nimm ihn also auf wie mich selbst! (Philemon 9b-10.12-17)

Philemon soll auf sein Besitzrecht an dem Sklaven verzichten! Paulus traut sich, den entlaufenen Sklaven ihm auszuliefern, ihm anzuvertrauen. Dem Philemon, der doch ein Christ sein will, mutet er zu, nicht von seinem Recht Gebrauch zu machen und ihn zu töten, sondern ihn als freien Bruder, als Mitchrist, in seinen Haushalt aufzunehmen. Deutliches Beispiel dafür, wie Jesus das meint: was einem Menschen sein Christsein kosten kann.

Dabei wirbt Jesus auch um unsere Zustimmung, uns darauf einzulassen, indem er zwei Gleichnisse erzählt:

Er vergleicht das Vorhaben, ein Christ werden oder sein zu wollen, mit dem Vorhaben eines Menschen, der einen Turm bauen will. Jesus will offensichtlich sagen, dass man fürs Christsein auch Mittel braucht; wenn man ihm nachfolgen will, seine bestimmten Möglichkeiten, seine Mittel benötigt. Und er will uns ermutigen, uns nicht vorschnell in seine Jüngerschaft aufnehmen zu lassen; nicht vorschnell zu beanspruchen, ein Christ sein zu wollen. Sondern er sagt sozusagen: „Sachte! Guck erst einmal die Mittel an, die dir zur Verfügung stehen: das Maß deiner Zeit; das Maß deiner ganzen persönlichen Energien und Talente; das Maß deines Geldes, deines Besitzes. Und dann schau: Inwieweit hast du die persönliche Bereitschaft, die Möglichkeit – echt, ehrlich – im eigenen Wollen, dich dafür zu entscheiden, mich, Jesus, und den Weg der Nachfolge hinter mir her und mit mir wichtiger zu nehmen als alles andere? Willst du denn aus all dienen Lebensmöglichkeiten oder Mitteln zum Leben einen genügend großen Anteil dafür frei halten, dass du ihn für das Mitgehen auf dem Weg meiner Jüngerschaft investieren kannst? Einen Teil, der so groß ist, dass deutlich wird: das ist mir das Wichtigste?

Und er macht das deutlich mit dem Bild vom Turmbauer und mit dem Bild vom Krieg führenden König. Er sagt damit: „Ich erwarte hier von euch überhaupt nichts Ungewöhnliches. Ich erwarte von euch nur, dass ihr euch klar Rechenschaft ablegt, so wie ihr es sonst auch immer macht. Ich erwarte von euch nur, dass ihr euch ehrlich und ganz bewusst entscheidet.“ Also meint Jesus offensichtlich nicht: Ihr müsst alle meine Jünger werden, und deswegen müsst ihr das und das. Keine Spur! Das hat sich nur in der Kirche in späteren Jahrhunderten so eingebürgert – für leider viel zu lange Zeit: die Forderung, alle müssten Christen sein. Nein, Jesus fragt: „Wer will mit mir kommen? Und wer mit mir kommen will, muss wissen, was er tut. Damit er/sie sich nicht dauernd überfordert sieht. Er will, dass wir uns frei entscheiden, aber uns bewusst und verantwortlich entscheiden. Es geht beim Christsein eben um eine bestimmte Art des Lebensweges, um eine Lebensweise.

Und den Vorgang, bis ein Mensch dazu kommt und wie er dazu kommt, ***ihn*** am wichtigsten zu nehmen, so dass es einem als lohnend erscheint, den größten Anteil der eigenen Möglichkeiten für diesen Weg zu investieren – diesen Vorgang nennt die Bibel „Bekehrung" [1]. Es geht darum: Wer mit ihm gehen will, kann das nur, wenn ... Dreimal sagt er: Der und der kann dann nicht mein Jünger sein. Es geht um die Entscheidung: Kann ich zu ihm so viel Vertrauen entwickeln, dass mir das für mein Leben sinnvoll erscheint? Kann ich denn die Hoffnung haben, dass ich da so viel mehr Lebenserfüllung erfahre, dass ich denke: Das ***ist*** mein Weg? An dieser Entscheidung kommt keiner vorbei, der ein Christ sein will. Und Jesus warnt, sich ihm unüberlegt anzuschließen.

Es ist zu spüren, dass dieses Verständnis vom Christ-Werden nicht zur Realität unserer heutigen kirchlichen Situation passt. Schließlich sind es die wenigsten Christen, die sich bewusst dafür entschieden haben. Die meisten von uns sind als Säuglinge getauft worden. Wie hätten wir uns da entscheiden können! – Das kann man dann nur nachholen. Irgendwann einmal die wirkliche Bekehrung zu Christus nachholen: Tauferneuerung, Firmung. So ist es ja auch gemeint. Österliche Bußzeit, Bekehrung dahin: Ich kläre meine Prioritäten in echter Entscheidung in dem Sinn, dass mir über allem anderen Christus steht. Oder dass ich mich dagegen entscheide. Aber jedenfalls ehrlich. So dass ich wirklich zu mir komme.

Es klingt sehr ungewöhnlich, wenn Menschen, die schon lange zur Kirche gehören, vielleicht sogar schon seit langem am kirchlichen Leben teilnehmen, hören, sie sollten sich bekehren. Aber ein anerkannter Christ wie der brasilianische Erzbischof Helder Camara hat ein Buch geschrieben mit dem Titel „Die Bekehrungen eines Bischofs" [2]. Darin erzählt er von sich, wie es ihm geschenkt wurde, sich zu bekehren, sich zu Christus zu bekehren, als er schon Bischof war! – Und was einem Bischof wie

Camara zumutbar ist, wird auch uns zumutbar sein. – Bekehrung!

Ja, die Kirche steht heute neu – im Zusammenhang unserer Welt des 21. Jahrhunderts – vor der Frage: Inwieweit sind wir wirklich Kirche? Inwieweit sind wir denn wirklich Jüngerschaft Christi, Glieder an seinem Leib, die in seinem Dienst sein Tun verwirklichen, weil sie von seinem Geist belebt, beatmet, beseelt sind? Oder ist Kirche eventuell – durch übermäßige Anpassung an mainstream-Mentalitäten – nicht mehr als Kirche zu erkennen in dem, was sie tut und wie sie sich zur Gesellschaft verhält? Gelten vielleicht zu viele als dazugehörig oder gar als sie repräsentierend, denen gar nicht Christus wirklich am wichtigsten ist, die ihn gar nicht mehr als alles andere lieben?!

Es gibt eine – wie ich finde – sehr eindrückliche Erzählung, die dieses Dilemma deutlich macht. Eine Art Gleichnis. Die Geschichte von der Rettungsstation[3]:

An einer gefährlichen Küste befand sich vor Zeiten eine kleine armselige Rettungsstation. Die Küste war schon vielen Schiffen zum Verhängnis geworden. Und so hatte sich eine Handvoll Freiwilliger hier eine kleine Hütte gebaut, um den Wachdienst zu versehen. Diese Rettungsstation hatte nur ein einziges Boot. Mit dem wagte sich die mutige Mannschaft bei Tag und Nacht auf das weite Meer hinaus, um die Schiffbrüchigen zu retten. – Bald wurde der kleine Stützpunkt überall bekannt. Viele der Erretteten und auch Leute aus der Umgebung waren bereit, die armselige Station mit Geld zu unterstützen. Die Zahl der Männer wuchs. So konnte man sich neue Boote kaufen und neue Mannschaften schulen. – Mit der Zeit gefiel allen Beteiligten die kleine armselige Hütte nicht mehr. ‚Die Geretteten', sagte man, ‚benötigten doch einen etwas komfortableren Ort als erste Zufluchtsstätte.' Die provisorischen Lagerstätten wurden durch richtige Betten ersetzt. Man erweiterte das Gebäude und stattete alle Räume mit schöneren Möbeln aus. Auf diese Weise wurde die Rettungsstation allmählich zu einem beliebten Aufenthaltsort. Man kam gerne dorthin. Denn es ging oft sehr gemütlich zu. Die Station diente den Männern als eine Art Clubhaus. – Gleichzeitig geschah aber auch etwas sehr Verständliches: Immer weniger Freiwillige waren bereit, mit auf Bergungsfahrt zu gehen. Was tat man? Man heuerte für die Rettungsboote gegen Bezahlung eine eigene Besatzung an. Immerhin schmückte das Wappen des Seenot-Rettungsdienstes noch überall die Räume. – Und nun passierte folgendes: Vor der Küste scheiterte ein großes Schiff, und die angeheuerten Seeleute kehrten mit ganzen Bootsladungen Frierender und Halbertrunkener zurück. Unter ihnen befanden sich Schwarze und Orientalen. In dem schönen Clubhaus entstand ein Chaos. Das Verwaltungskomitee ließ deshalb gleich Duschkabinen im Freien errichten, damit man die Schiffbrüchigen vor Betreten des Clubhauses gründlich säubern konnte. Bei der nächsten Versammlung gab es eine Auseinandersetzung unter den Mitgliedern: Die meisten wollten den Rettungsdienst einstellen, weil er unangenehm und dem normalen Club-Betrieb hinderlich sei. Einige jedoch vertraten den Standpunkt, dass Lebensrettung die vorrangige Aufgabe sei und dass man sich noch als Lebensrettungsstation bezeichne. Sie wurden schnell überstimmt. Man sagte: ‚Ihr könnt ja woanders eure eigene Rettungsstation aufmachen, wenn euch das Leben all dieser angetriebenen schiffbrüchigen Typen so wichtig ist.' – Das taten sie dann auch. Sie fingen ganz von vorne an mit einer kleinen erbärmlichen Hütte. Ihr guter Ruf aber verbreitete sich schnell. Es gab neue Gönner, und es entstand ein neues Clubhaus, usw. Die neue Station wandelte sich genauso wie die erste. Und so kam es schließlich zur Gründung einer 3. Rettungsstation. Doch auch hier wiederholte sich wieder die alte Geschichte: Zuerst gab es wieder nur eine kleine erbärmliche Hütte, aber der gute Ruf verbreitete sich schnell. Es gab Gönner. Es wurde ein neues Clubhaus gebaut; usw. – Wenn man heute diese Küste besucht, findet man längs der Uferstraße eine beträchtliche Reihe exclusiver Clubs. – Immer noch wird die Küste vielen Schiffen zum Verhängnis. Nur – die meisten Schiffbrüchigen ertrinken."

„Rettungsstation und Clubhaus"? – „Mich wichtiger nehmen als alles andere"? – Wie groß ist ***meine*** Bereitschaft? – Eigentlich kann man nur aus ***einem*** Grund eine solche Bereitschaft aufbringen, wie Jesus sie meint; nur aus ***einem*** Grund: wenn man darauf baut, dass dieses so kompromisslos klingende Wort von Jesus nichts anderes ist als ein Wegweiser in ein erfülltes Leben. Oder wenn man das, was Jesus da bringen will, genau als das erkennt, was er im Gleichnis nennt: das Reich Gottes wie ein Hochzeitsfest, zu dem alle eingeladen sind (vgl. Matthäus 22,1-14). Und wenn man dann dem traut, dass es da wirklich ein schönes Fest gibt und deswegen hingeht und seine Zeit dafür verwendet. – Zu dem dann schließlich die Leute von den Hecken und Zäunen, die zunächst gar nicht eingeladen waren, dann aber wirklich hingehen.

Nur gegenseitig können wir uns bestärken, indem wir in einer gemeinsamen Suchbewegung dieses Vertrauen – je nachdem – finden oder nicht. Dann werden wir unsere Mittel für seine Nachfolge einzusetzen oder für etwas anderes. ***Er*** ist das Beispiel schlechthin, dass ***wir ihm*** am wichtigsten sind!

---

[1] z.B. Matthäus 11,20; Lukas 1,16; Apostelgeschichte 15,3
[2] Hammer Verlag 1978
[3] Nach Theodore WEDEL, aus: Howard J. Clinebell, Modelle beratender Seelsorge © by Gütersloher Verlagshaus, Gütersloh, in der Verlagsgruppe Random House GmbH, München – mit freundlicher Genehmigung zum Abdruck

18 Freude an Gottes Ehre

Die Bibel überliefert dieses Wort von Jesus:

Wenn einer von euch einen Sklaven hat, der pflügt oder das Vieh hütet, wird er etwa zu ihm, wenn er vom Feld kommt, sagen: Nimm gleich Platz zum Essen? Wird er nicht vielmehr zu ihm sagen: Mach mir etwas zu essen, gürte dich und bediene mich; wenn ich gegessen und getrunken habe, kannst auch du essen und trinken. Bedankt er sich etwa bei dem Sklaven, weil er getan hat, was ihm befohlen wurde? So soll es auch bei euch sein: Wenn ihr alles getan habt, was euch befohlen wurde, sollt ihr sagen: Wir sind unnütze Sklaven; wir haben nur unsere Schuldigkeit getan. (Lukas 17,7-10)

Was soll bei uns sein?! Sollen wir undankbar sein, wenn andere – etwa uns gegenüber – ihre Pflicht getan haben? Ruft Jesus uns hier tatsächlich zur Undankbarkeit auf? – Nein, das ist völlig klar, das ganz bestimmt nicht. Was soll dann aber bei uns sein, wenn er sagt: so wie in dem Gleichnis mit dem Sklaven?

Jesus beschreibt etwas aus der Erfahrungswelt der Menschen, die ihm zuhören. Wie er es beschreibt, so ist es üblich in einem Haushalt mit einem Sklaven. Und nun sagt er: Wenn ihr alles getan habt, was euch befohlen wurde – natürlich meint er: von Gott befohlen wurde – , dann sollt ihr sagen: Wir haben nur unsere Schuldigkeit getan.

Wir sollen dieses Gleichnis aus der Perspektive des Sklaven hören, der weiß: Ich bekomme jetzt keinen Dank und keine Ehrung, sondern ich hab nichts anderes getan als meine Pflicht und Schuldigkeit. Wenn es um mein „Verdienst" geht, bin ich eigentlich nicht mehr als ein „Sklave".

Das entspricht aber nicht dem, was wir uns vorstellen. In der

Kirche sprechen wir ja von „ehren"-amtlicher Mitarbeit – im Unterschied zur hauptamtlichen. Der Hauptamtliche bekommt für das, was er tut, sein Gehalt. Und der Ehrenamtliche bekommt für das, was er tut, die entsprechende Ehre. So bringen wir es mit unserer Sprache zum Ausdruck. Zwar ist das mit der Ehre der Ehrenamtlichen so ein Problem: Nur ab und zu mal fühlt sich ein ehrenamtlich Tätiger anerkannt und geehrt, und oft müssen sich in der Gemeinde ehrenamtlich Tätige denken: Undank ist der Welt Lohn – eben auch in der Kirche.

Aber um die Ehre geht es hier schon! Um wessen Ehre? – „Durch Christus und mit ihm und in ihm ist ***dir***, Gott, allmächtiger Vater, in der Einheit des Heiligen Geistes ***alle*** Herrlichkeit und Ehre – jetzt und in Ewigkeit!" So beenden wir immer das Hochgebet der Eucharistie. Alle Ehre gehört dir allein, Gott! Und sogar bei der gottesdienstlichen Feier der Heiligen heißt es: „Wenn wir die Heiligen verehren, ehren wir ***dich***." [1] Also sogar bei denen, die wir als Heilige verehren, geht es nicht darum, ***ihre*** Größe zu preisen. So soll es auch nicht darum gehen, ***unsere*** Größe zu preisen. Sondern wenn wir getan haben, was Gott von uns erwartet, und wenn uns das gelungen ist, dann sollen wir uns freuen, dass Gott wieder einmal Gutes bewirkt hat, und unsere Freude bezeugen, wie gut doch Gott ist. Es soll ***seiner*** Ehre dienen, seiner Verehrung.

Das mag enttäuschend klingen. Denn wer freut sich nicht, wenn er Anerkennung findet! Nur – das hat zugleich einen Nachteil: Es kann uns dazu bringen, dass wir verkrampft nach unserer Ehre suchen – verkrampft, und das behindert, ich selbst zu sein. Und es kann uns Enttäuschungen bescheren und so die Freude an dem, was wir getan haben, mindern.

Was ist die Alternative? Gottes Ehre zu suchen und ihr zu dienen! Dann weiß ich, dass ich gar nicht alles das tun muss, was Gott doch zugesagt hat, dass ***er*** es tun wird. Dann bin ich entlastet. Dann weiß ich: Ich diene dem, der mich beauftragt hat, und der Große ist ***er***. Dann weiß ich, dass ich gar nicht ein bestimmtes Pensum erarbeiten muss. Er ist ja der, der das Gute tut. Und ich kann mich dann um so mehr daran freuen, dass er mich in den Bereich seines guten Handelns einbezogen hat; dass ich in seinem Kraftfeld da sein darf und ich einfach nur meine „Pflicht und Schuldigkeit" tue – Pflicht und Schuldigkeit, wenn ich dazu gehören will, weil ich sein Kraftfeld in meinem Dasein zu erleben suche. Und wenn ich die Erfahrung mache, dass mir etwas gelungen ist in seinem Dienst, dann ist das für mich wieder ein Anlass, mich an Gott zu freuen.

In vergangenen Jahren, wenn bei schwierigen Elternabenden in der Kommunionvorbereitung gute Gespräche entstanden waren, bin ich hinterher – im Dunkel der Nacht – wie ein Kind mit Luftsprüngen nach Hause gegangen. Mit dem Gedanken der Freude an Gott: der Freude an dem, was Gutes er hat gelingen lassen. Denn immer wieder war es überraschend, dass dies und das doch gelungen war – wider Erwarten. Ich hatte nur meine Schuldigkeit getan.

Wenn ich bei Gott keine Ehre beanspruche, keinen Dank – so wie der Sklave seinem Herrn gegenüber keinen Dank beanspruchen kann – wenn ich diese Einstellung habe, dann weiß ich: Das viele, das ich dennoch erhalte, ist alles Geschenk! Und das ist ja auch das, was die Heiligen ausmacht: Sie haben sich Gottes Geschenken so sehr geöffnet, dass sie im Extremfall dann „voll der Gnade" waren – wie Maria. Alles Geschenk! „Gnade", lateinisch „gratia", ist ja das, was es „gratis" gibt, eben als Geschenk. Also das Gelingen und unsere Freude in allem Dienst hängt nicht von unserer Kraft ab, hängt nicht von unserem Erfolg ab, sondern ist alles Geschenk. Zum Glück haben wir darauf keinen Anspruch bei Gott! Denn hätten wir einen Anspruch, den wir bei ihm geltend machen könnten, dann würde sich ja das, was wir bei ihm einfordern können, nach dem bemessen, was wir getan haben. Und das wäre schlimm: Wenn wir bei Gott so viel Ehre und Dank bekommen würden, wie viel (oder wenig) – an unserem Tun gemessen – wir verdienen, ...! Aber so ist es zum Glück nicht, sondern er beschenkt uns. Und er will uns ganz reich beschenken.

---

[1] Schlussgebet am Fest Allerheiligen

19 Kirche für alle – nicht mit allen

Die Menschen in den ersten christlichen Gemeinden waren Juden, hatten sich also auf der Grundlage der jüdischen Religion zu Christus bekehrt. Bald allerdings stammten die Menschen in der Mehrheit der sich bildenden Gemeinden aus anderen Völkern, waren im jüdischen Sprachgebrauch also „Heiden" gewesen und Anhänger der im Mittelmeerraum üblichen Religionen. In einem im Neuen Testament enthaltenen Brief an solche „Heidenchristen", dem Epheserbrief, heißt es:

Einst wart ihr von Christus getrennt, der Gemeinde Israels fremd und von dem Bund der Verheißung ausgeschlossen; ihr hattet keine Hoffnung und lebtet ohne Gott in der Welt. Jetzt aber seid ihr, die ihr einst in der Ferne wart, durch Christus Jesus, nämlich durch sein Blut, in die Nähe gekommen. Denn er ist unser Friede. Er vereinigte die beiden Teile – Juden und Heiden – und riss durch sein Sterben die trennende Wand der Feindschaft nieder. Er hob das Gesetz samt seinen Geboten und Forderungen auf, um die zwei in seiner Person zu dem einen neuen Menschen zu machen. Er stiftete Frieden und versöhnte die beiden durch das Kreuz mit Gott in einem einzigen Leib. Er hat in seiner Person die Feindschaft getötet. Er kam und verkündete den Frieden: euch, den Fernen, und uns, den Nahen. Durch ihn haben wir beide in dem einen Geist Zugang zum Vater. Ihr seid also jetzt nicht mehr Fremde ohne Bürgerrecht, sondern Mitbürger der Heiligen und Hausgenossen Gottes. Ihr seid auf das Fundament der Apostel und Propheten gebaut; der Schlussstein ist Christus Jesus selbst. Durch ihn wird der ganze Bau zusammengehalten und wächst zu einem heiligen Tempel im Herrn. Durch ihn werdet auch ihr im Geist zu einer Wohnung

Gottes erbaut. (Epheser 2,12-22)

„Wohnung" Gottes. Tempel. Gebäude.
Das Bild der Kirche als einem Haus aus Steinen kommt in der Bibel wiederholt vor. Im 1. Petrusbrief steht die Aufforderung: *„Lasst euch als lebendige Steine zu einem geistigen Haus aufbauen!"* (1 Petrus 2,5)

Ein Haus besteht aus vielen Steinen. Und ob ein Stein Teil der Kirchenmauer ist oder zu einem anderen Haus gehört, ist gar keine Frage. Das kann man klar unterscheiden. – Hier geht es um einen „Bau" aus „lebendigen Steinen": aus Menschen.

Es ist schon zu allen Jahrhunderten viel diskutiert worden, gefragt worden: Woran entscheidet es sich, ob jemand zum „Tempel des Heiligen Geistes", zur Kirche gehört oder nicht? Es ist viel gestritten worden über die Frage, wer Glied der Kirche ist und als solches gilt und anerkannt werden muss. Es ist eine heikle Frage.

Ja, wer gehört nun dazu? Gehöre ich dazu? Gehören Sie dazu? Gehört die Person dazu, die in der A-Straße Nummer Sowieso im x-ten Stock wohnt und am soundsovielten getauft worden ist und seither nie in der Kirche war - oder auch einfach nur zur Erstkommunion und zur Hochzeit? Gehört der oder die dazu, wer aus der Kirche ausgetreten ist? Gehört dazu, wer permanent gegen die Kirche schimpft? Oder wer sich konsequent an alle Regeln hält, die die Kirche aufgestellt hat? Oder wonach unterscheidet es sich sonst, ob jemand dazu gehört oder nicht?

Möglicherweise hat jeder und jede eine persönliche Antwort auf diese Frage. Die einen sagen: Dazu gehören alle, die getauft sind. Vielleicht gibt es sogar Menschen, die noch weiter gehen und sagen: Alle Menschen gehören dazu. Und vielleicht ist das andere Extrem eine Sichtweise, wirklich zur Kirche gehören nur diejenigen, die ihr Leben so gestalten, dass man an ihnen Gottes Handeln erkennt – die man landläufig als „Heilige" bezeichnet.

Dieser Abschnitt aus dem Epheserbrief sagt uns etwas als Antwort, wer dazu gehört und wer nicht: Er geht zunächst davon aus, dass es Menschen gibt, von denen es hieß, sie seien „vom Bund der Verheißung ausgeschlossen": Menschen, die „ohne Gott leben". Aber nun sagt er, das sei aufgehoben – durch das Kreuz. Diese bequeme Zweiteilung der Menschheit in die einen, denen Gott das Heil versprochen hat, weil sie so fromm sind, und den anderen, denen diese Verheißung Gottes nicht gilt, weil sie sich nicht um ihn scheren – diese Zweiteilung ist aufgehoben durch den Tod von Jesus! „Ihr, die ihr einst in der Ferne wart", ihr seid jetzt „durch Jesus Christus, nämlich durch sein Blut, in die Nähe gekommen." Denn er hat diese „trennende Wand durch sein Sterben niedergerissen", hat „beide Teile vereinigt". – Juden und Heiden, wobei „Juden" hier für glaubende Menschen steht und „Heiden" für ungläubige. Beide vereinigt!

Wahrscheinlich war es damals schon so wie heute: Diejenigen, die sich in der Kirche sehen, sich als dazu gehörig zählen, stehen oft irgendwie feindselig gegenüber den anderen, denen die Kirche nichts bedeutet. Und die, die sich nicht um die Kirche scheren, stehen oft irgendwie verächtlich-feindselig denen gegenüber, denen die Kirche so wichtig ist. Die trennende Wand der „Feindschaft" hat Jesus Christus niedergerissen durch sein Sterben. Sie gilt nicht mehr, sie ist gegenstandslos geworden. Durch das Kreuz hat Gott – wohl bemerkt – die ***beiden*** Seiten mit ***sich*** versöhnt. Durch das Kreuz hat Gott die Glaubenden, die gegen die Nicht-Glaubenden feindselig waren, mit sich versöhnt. Und die Nicht-Glaubenden, die gegen die Glaubenden feindselig waren, hat er mit sich versöhnt. Beide in einem einzigen Leib. Und da kommt das andere oft verwendete Bild von der Kirche ins Spiel: das Bild vom Leib.

Da hat sich also etwas verändert. Was jetzt gilt – und „jetzt" meint: seitdem Jesus Christus gestorben ist – was jetzt gilt, ist etwas Neues: Der Bund der Verheißung, Gottes Versprechen, Gottes Zusagen gelten ***allen*** Menschen! „Für euch und für alle." So zitiert das Hochgebet jeder Eucharistiefeier die Worte von Jesus bei der Einsetzung des Mahles von seinem Lebensopfer.[1] Für alle! Das ist ärgerlich, weil es unsere Verdienste schmälert, ja sogar durchstreicht: Christen haben keine Verdienste. Uns gilt nicht ***mehr*** Heilszusage, wenn wir eine Liste von tausend Punkten von vermeintlichen Verdiensten aufzählen können. Weil ja die Zusage des Heils allen Menschen gilt. – Das können wir nur verkraften, wenn wir Gott lieben. Sonst können wir uns nur über Gott ärgern. Weil ja nicht nur den „Arbeitern der letzten Stunde" das gleiche Heil verheißen ist wie den „Arbeitern der ersten Stunde" [2], sondern weil sogar denen dasselbe Heil verheißen ist, die noch gar nicht angefangen haben zu schaffen. Allen Menschen!

Heißt das nun aber, dass alle Menschen zur Kirche gehören? – Jedenfalls will Jesus Christus allen Menschen ohne Ausnahme Gottes Heil bringen. Dementsprechend wollen das natürlich auch diejenigen, die ihn verkörpern: sein „Leib", seine Kirche. Und wer ist dann die Kirche und wer gehört dazu? Doch jene, die – in Vertrauen und Freude durchpulst von dem, was den Leib Christi eben beseelt – handeln und ihm dienen: nämlich dem Vorhaben Gottes dienen, allen Menschen das Heil zu bringen. Aus solchen Menschen besteht doch dann die Kirche! Menschen, die dem leibhaftigen Christus so dienen, wie jedes Stückchen an meinem Körper meiner persönlichen Existenz dient. Oder die wie jeder Stein an einem Kirchengebäude an seiner Stelle dazu dient, dieses Gebäude zu sein. Alle diese sind doch dann die, die dazu gehören!

Dann sind natürlich nicht die, die dazu gehören, die besseren Menschen oder die wertvolleren. Nein! Sondern jeder Mensch, egal ob er dazu gehört oder nicht, ist jedenfalls geliebtes Ziel Gottes, dem er das Heil vermitteln will! Damit ist jeder gleich viel wert. Ja, man hat anscheinend gar nichts davon, zur Kirche zu gehören. „Lediglich" die große Freude, dazu zu gehören: die Erfahrung gemacht zu haben, dass Gott jeden Menschen, ja sogar mich liebt. So dass das zu einer Kraftquelle wird und sich damit Gottes Geist als Quelle von Kraft auch erweist, da mitzuwirken, mitwirken zu wollen, ja einfach mitwirken zu müssen. Ich denke, alle sie feiern sinnvollerweise miteinander ihre Taufe. Sie haben ja die Quelle gefunden, aus der das Leben sprudelt. Und sie alle feiern gemeinsam sinnvollerweise das Mahl der Eucharistie. Sie wissen ja, dass sie aus dem Tod Jesu, der da verkündet wird, ihr Lebensmittel bekommen – feiern es, weil sie ja wissen, dass dieses Opfer, in das sie sich hinein begeben, sich ins Leben schlechthin verwandelt! Ja, alle sie tun dann sinnvollerweise alles das miteinander, was eben Kirche tut. Und sie werden es tun.

[1] „Für euch und für alle" war auch der Titel eines Briefs des früheren Bischofs von Limburg, Wilhelm Kempf, zur Fastenzeit 1981 an die Gemeinden des Bistums „besonders an ihre sogenannten Fernstehenden"
[2] vgl. Matthäus 20,1-16 (das Gleichnis von den Arbeitern im Weinberg)

20 Mitreden!

Welche Bedeutung hat Jesus für uns heute? – Wenn damals Menschen Jesus begegneten, löste er ihnen vor allem Staunen und Verwunderung aus. Das Bemühen, ihn zu verstehen – was ist das für einer?! – führte zu bruchstückhaften Antworten. – Das Neue Testament fasst die Erfahrungen von Menschen, die zum Glauben an ihn gekommen waren, in viele unterschiedliche Verstehenshorizonte, Begriffe und Bilder. Der „Brief an die Hebräer", dem Apostel Paulus zugeschrieben, stellt die Bedeutung von Jesus dar, indem er – seinen Adressaten vertraute – alttestamentliche Vorstellungen vom priesterlichen Opferkult im Jerusalemer Tempel und vom „alten" Bund Gottes mit Israel benutzt. Darin schreibt er Jesus den Stellenwert des „Hohenpriesters" zu:

Jetzt aber ist ihm ein um so erhabenerer Priesterdienst übertragen worden, weil er auch Mittler eines besseren Bundes ist, der auf bessere Verheißungen gegründet ist. Wäre nämlich jener erste Bund ohne Tadel, so würde man nicht einen zweiten an seine Stelle zu setzen suchen. Denn er tadelt sie, wenn er sagt: Seht, es werden Tage kommen – spricht der Herr – , in denen ich mit dem Haus Israel und dem Haus Juda einen neuen Bund schließen werde, nicht wie der Bund war, den ich mit ihren Vätern geschlossen habe, als ich sie bei der Hand nahm, um sie aus Ägypten herauszuführen. Sie sind nicht bei meinem Bund geblieben und darum habe ich mich auch nicht mehr um sie gekümmert – spricht der Herr. Das wird der Bund sein, den ich nach diesen Tagen mit dem Haus Israel schließe – spricht der Herr: Ich lege meine Gesetze in ihr Inneres hinein und schreibe sie ihnen in ihr Herz. Ich werde ihr Gott sein und sie werden mein Volk sein. Keiner wird mehr seinen Mitbürger und keiner seinen Bruder belehren und sagen: Erkenne den Herrn! Denn sie alle, Klein und Groß, werden mich erkennen. Denn ich verzeihe ihnen ihre Schuld und an ihre Sünden denke ich nicht mehr. Indem er von einem neuen Bund spricht, hat er den ersten für veraltet erklärt. Was aber veraltet und überlebt ist, das ist dem Untergang nahe. (Hebräer 8,6-13)

Und was können wir uns konkret vorstellen, ***wie*** Jesus den Menschen die Erfahrung dieses neuen Bundes zwischen Gott und den Menschen vermittelt?

Nehmen wir eine von vielen Erzählungen aus den Evangelien als Beispiel einer Antwort:

Als Jesus in eine Synagoge ging, saß dort ein Mann, dessen Hand verdorrt war. Und sie gaben Acht, ob Jesus ihn am Sabbat heilen werde; sie suchten nämlich einen Grund zur Anklage gegen ihn. Da sagte er zu dem Mann mit der verdorrten Hand: Steh auf und stell dich in die Mitte! Und zu den anderen sagte er: Was ist am Sabbat erlaubt: Gutes zu tun oder Böses, ein Leben zu retten oder es zu vernichten? Sie aber schwiegen. Und er sah sie der Reihe nach an, voll Zorn und Trauer über ihr verstocktes Herz, und sagte zu dem Mann: Streck deine Hand aus! Er streckte sie aus und seine Hand war wieder gesund. Da gingen die Pharisäer hinaus und fassten zusammen mit den Anhängern des Herodes den Beschluss, Jesus umzubringen. (Markus 3,1-6)

Das ist der Mittler des neuen Bundes, von dem der Hebräerbrief spricht. ***So*** vermittelt Jesus den Menschen die Erfahrung des neuen Bundes zwischen Gott und den Menschen. Er erfüllt das Prophetenwort, an das der Hebräerbrief erinnert: *Spruch des Herrn: Ich lege mein Gesetz in sie hinein und schreibe es auf ihr Herz.* (Jeremia 31,33) Keiner wird mehr von außen heran einem ***sagen*** müssen, was er tun soll. Nein, aus seinem Herzen heraus, aus seinem Innersten wird er es erkennen, sehen, verstehen, selber wollen, für wichtig erkennen und die entsprechende Initiative ergreifen. Jesus verwirklicht das uneingeschränkt, aus seinem Inneren heraus. Aber was der Hebräerbrief hier verwirklicht sieht, sagt er ja nicht nur von Jesus, sondern von jedem Menschen, der sich in diesen „Bund" einbeziehen lässt: Keiner wird mehr den anderen belehren und ihm sagen: Erkenne den Herrn! Denn sie alle, klein und groß, werden mich erkennen, werden in ihrem Innersten, in ihrem Herzen „meine Gesetze" erkennen. – Das spüren diese Leute, die da in der Synagoge Jesus begegnen, schlagartig in ihrem Innersten. Und sie wehren sich dagegen.

Wenn aber Menschen sich vertrauensvoll darauf einlassen? – Jeder Einzelne, der sich als Glied in Gottes Volk hat aufnehmen lassen, mit dem Gott diesen Bund geschlossen hat, wird im Bewusstsein der ganzen Freiheit aus seinem Inneren heraus das wollen (?!), was Gott will; wird die Initiative ergreifen zu dem, was dann sich in diesem neuen Bund ereignen will. Welche Chance!

Da denke ich an so manche Momente, in denen ich mir meine Jahre als Gemeindepfarrer hindurch immer wieder gedacht habe: Es wird doch sicher nur eine Frage der Zeit sein; es sind doch so viele in der Gemeinde mit ihrem Herzen dabei und werden dann ja aus ihrem Inneren heraus sagen: Wir wollen aber das, wir wollen nicht so ..., müssen wir nicht so? ... – Irgendwann werden sie die Initiative ergreifen, ... Schließlich ist ja jedem Einzelnen zugesagt – und Christus wird schon, so weit es an ihm liegt, jedem, der getauft ist, dabei helfen, ***von sich aus*** zu sagen: „Also, unsern Gottesdienst müssten wir doch eigentlich so feiern ..." oder: „Nein, wenn wir so wenig Leute sind, dann können wir doch nicht in sieben oder acht Meter Abstand voneinander bleiben!" ....

Es gab mehrere Punkte, in denen ich viele Jahre hindurch bewusst nichts gesagt habe, weil ich sicher war: Gott macht seine Zusage wahr: Viele in der Gemeinde werden Ernst machen mit ihrem Christsein. So dass ich mir sagte: Es ist nur eine Frage der Zeit. Ich war mir dabei sehr wohl bewusst, dass die verbreitete (träge? autoritätsfixierte?) Mentalität sich dem entgegen auswirkte: Eine Initiative überlässt man besser dem Leiter. Dessen Sache ist es ja, auszusprechen, worauf es jetzt ankommt; zu sagen, was zu tun ist, also – um es mit dem Wort dieses Bibeltextes zu sagen, „die Gesetze" zu benennen.

Aber: Das ist doch – im Sinn der Darlegung aus dem Hebräerbrief – ein charakteristisches Merkmal des ***alten*** Bundes! Und noch mehr typisch für das, was in unserer menschlichen ***Welt*** üblich ist: dass man die Initiativen „denen da oben" überlässt!

Jedes Beispiel einer Initiative, die ein Einzelner ergreift, ist eine große Freude für jeden, der an den „neuen Bund" glaubt. Und das ist dann wichtiger als die Frage, ob diese Initiative nach der Meinung eines Anderen wohl gut ist oder nicht. Denn jede Initiative wird zum Zeichen dafür, dass Gott wirklich diesen Bund geschlossen hat durch Jesus und dass Menschen wirklich die Zugehörigkeit zu diesen Bund mit Gott leben. Ein Zeichen des neuen Bundes – also ein Zeichen von Kirche – ist doch nach dieser biblischen Botschaft, dass die Einzelnen ihre Kritik äußern; das, was in ihrem Herzen drinnen ist, herausbringen, eben Initiativen setzen und sagen: Mir würde dies und das besser helfen, wenn wir es so und so machen ..., für dies und jenes fände ich es sinnvoller, wenn wir jetzt mal uns an das und das heran machen ... oder: Eigentlich können wir dies und das bleiben lassen, denn das behindert uns nur in der verfügbaren Zeit, wir müssten doch viel mehr Gewicht auf dieses und jenes legen.

Welche hilfreichen, weiterführenden Möglichkeiten entstehen da, wo Menschen aus diesem so beschriebenen Bund mit Gott leben! Wir erleben es ja auch immer wieder. Aber es könnte öfter geschehen!

Und in welche Richtung das immer wird gehen müssen, das zeigt Jesus in dem genannten Evangeliums-Abschnitt: Nach dem, wie ***wir*** die Situation vermutlich beschreiben würden, geht es doch hier eigentlich um die Entscheidung: Tut Jesus hier jetzt etwas oder tut er nichts? – Wenn er etwas tut, also den Mann heilt, riskiert er die Anklage. Tut er nichts, wird man ihn nicht anklagen. Er könnte auch einen Kompromiss schließen: Komm morgen wieder, dann werde ich dich heilen. Ja wenn er diesen –

sicher schon lange – so behindert lebenden Menschen auf morgen vertrösten würde, wäre das doch für den kaum ein Unterschied! – Jesus nennt aber solches Nichtstun „Böses tun", ja sogar „Leben vernichten". Übertreibt Jesus da nicht maßlos? ***Uns*** erscheint das fremd. Aber ***er*** nennt es so.

Keiner sagt Jesus, was er tun soll. Er hat es in seinem Innersten. Er ist ***das*** Beispiel des neuen Menschen, ***das*** Beispiel des Menschen im Bund mit Gott: Er weiß, worauf es ankommt: aufs Leben – jetzt.

Mit jeder Initiative riskiert Jesus sich. Mit jeder Initiative, die er setzt, riskiert er, dass er angeklagt wird, beurteilt wird, verurteilt wird. Aber das tut ihm nichts. Wichtiger als die Angst, angeklagt, verurteilt oder umgebracht zu werden – wichtiger ist ihm, das was in seinem Herzen da ist, zu leben. Was für eine bewundernswerte Selbstverwirklichung! Das ist Leben im Bewusstsein, nach Gottes Abbild an seinem schöpferischen und erlösenden Tun teilzuhaben!

„Hier müsste es ein Haus geben!"

Es war an einem Sonntagmorgen im Winter 1977/78: Nach dem Gottesdienst standen noch einige Leute vor der Kirche. Weniger als sonst, denn es war kalt und es regnete. Herr Sowada sagte zu mir: „Hier müsste es ein Haus geben, wo man trocken und warm noch mit den anderen reden könnte." Endlich sprach einer diese Meinung aus! Wir beide sagten es weiter, und noch viel mehr Leute aus der Gemeinde vertraten diese Auffassung.

Am Ostermontag 1981 feierten wir die Einweihung dieses gewünschten Hauses. Und seither ist da immer ein offener Raum nach dem Gottesdienst. Er wird gut genutzt. Einmal im Monat sogar bis hin zum gemeinsamen Mittagessen.

Die Worte von Herrn Sowada waren der Initialfunke gewesen. Gut, dass er den Mund aufgemacht hatte!

21 Die Liebe, mit der Christus liebt

In der Bibel gibt es nicht viele Aussagen, die sich ausdrücklich auf Ehe und Partnerschaft beziehen. Der im Neuen Testament dazu vielleicht zentrale Text ist für heutige Ohren nicht unproblematisch:

Ahmt Gott nach als seine geliebten Kinder und liebt einander, weil auch Christus uns geliebt und sich für uns hingegeben hat. Einer ordne sich dem andern unter in der gemeinsamen Ehrfurcht vor Christus. Ihr Frauen, ordnet euch euren Männern unter wie dem Herrn Christus; denn der Mann ist das Haupt der Frau, wie auch Christus das Haupt der Kirche ist; er hat sie gerettet, denn sie ist sein Leib. Wie aber die Kirche sich Christus unterordnet, sollen sich die Frauen in allem den Männern unterordnen. Ihr Männer, liebt eure Frauen, wie Christus die Kirche geliebt und sich für sie hingegeben hat, um sie im Wasser und durch das Wort rein und heilig zu machen. So will er die Kirche herrlich vor sich erscheinen lassen, ohne Flecken, Falten oder andere Fehler; heilig soll sie sein und makellos. Darum sind die Männer verpflichtet, ihre Frauen so zu lieben wie ihren eigenen Leib. Wer seine Frau liebt, liebt sich selbst. Keiner hat je seinen eigenen Leib gehasst, sondern er nährt und pflegt ihn, wie auch Christus die Kirche. Denn wir sind Glieder seines Leibes. Darum wird der Mann Vater und Mutter verlassen und sich an seine Frau binden und die zwei werden ein Fleisch sein. Dies ist ein tiefes Geheimnis; ich beziehe es auf Christus und die Kirche. Was euch angeht, so liebe jeder von euch seine Frau wie sich selbst, die Frau aber ehre den Mann. (Epheser 5,1-2a.21-33)

Wenn man das heute so hört, dann möchte man jedem Brautpaar sagen: „Nein nein, nicht so!" Aber da ist einiges als zeitgebunden zu verstehen; Gottes Wort zu hören gibt es ja nur in der Gestalt menschlicher Worte, und die sind immer zeitgebunden. Und diese Worte wurden vor fast 2000 Jahren in eine Zeit hinein gesprochen, in der es selbstverständlich war, dass in der Ehe die Männer das Sagen hatten; vielleicht ja nicht nur damals, aber damals jedenfalls. Dieses Zeitgebundene dürfen wir beiseite lassen. Zwar ist dieser Bibeltext in der Gefahr, dass wegen seiner für heutige Ohren anstößigen Art seine wesentliche Aussage überhört wird. Aber gerade in ihm kommt eines ganz deutlich zum Ausdruck: der Vergleich von Mann und Frau mit Christus und Kirche.

Damit das darin enthaltene Hilfreiche für ein christliches Eheverständnis deutlicher hervortritt, bringe ich es gleich in Verbindung mit einem anderen Bibeltext:

In jener Zeit sprach Jesus zu seinen Jüngern: Wie mich der Vater geliebt hat, so habe auch ich euch geliebt. Bleibt in meiner Liebe! Wenn ihr meine Gebote haltet, werdet ihr in meiner Liebe bleiben, so wie ich die Gebote meines Vaters gehalten habe und in seiner Liebe bleibe. Dies habe ich euch gesagt, damit meine Freude in euch ist und damit eure Freude vollkommen wird. Das ist mein Gebot: Liebt einander, so wie ich euch geliebt habe. (Johannes 15, 9-12)

Dass zur Verbindung zwischen Mann und Frau die Liebe gehört, dürfte eine Binsenweisheit sein. Eine solche Binsenweisheit sagt Jesus als Gebot Nummer 1 für die Ehe? Wohl kaum. Nein, er hat nicht als Gebot Nr. 1 gesagt „Liebt einander"; wir dürfen die folgenden Worte auf gar keinen Fall vergessen: „wie ich euch geliebt habe". Das ist das Wesentliche hier. Dass es auf die Liebe als allererstes ankommt – geschenkt. Aber Gottes Botschaft dazu ist: Hört genauer hin, schaut genauer hin! Wenn die Liebe euch Menschen dahin führen soll, wohin ich euch – geschenkweise! – wirklich bringen will, dann achtet genauer auf mein Wort: Liebt einander, so wie ich euch geliebt habe!

Woher sollen wir wissen, wie er uns geliebt hat?! Wir können viele Bibeltexte wissen und kennen und im Gedächtnis gespeichert haben, dann wissen wir noch lange nicht, wie er uns geliebt hat. Wir können sagen: Ja natürlich, er „hat uns so sehr geliebt, dass er sein Leben für uns hingegeben hat" (vgl. Johannes 3,16).

Aber wenn das nur aus dem Kopf aufgesagt ist, auswendig gewusst, dann „weiß" ich als Person immer noch nicht, ***wie*** er uns geliebt hat. Die Liebe, mit der er uns liebt, die erfahre ich, wo menschliche Gemeinschaft von seinem Lebensgeist bestimmt ist, „beherrscht" ist, also wo er der Herr ist in der Liebe. Wir wissen, es ist eine ganz schwierige Aufgabe für eine Christengemeinschaft, für eine Kirchengemeinde, solche Liebe aus diesem Geist spürbar zu machen. Es gelingt viel zu selten. Und trotzdem: Nur aus der Gemeinschaft von Christen „weiß" ich, wie er uns geliebt hat.

„Wie." Es muss wohl eine andere Art Liebe sein als die tausenderlei Lieben, von denen in unserer Welt geredet wird. Das Verhältnis zwischen Gott, wie er sich in Christus mitgeteilt hat, auf der einen Seite und uns Menschen auf der anderen Seite beschreibt die Bibel jedenfalls als einen „Bund" [1]. Ein Wort, das in unserer Sprache nicht so oft vorkommt. – „Bund" oder Bündnis – das hat mit Partnern zu tun. Gott hat seine hohe Höhe aufgegeben, um uns Partner werden zu können, einer von uns. Christen bekennen: Gott ist in Jesus Mensch geworden. Und wesentlich für den Bund zwischen Christus und den Menschen, die sich seiner Beziehung öffnen, also der Kirche, ist: Er rettet. Er dient den Menschen, er gibt sich hin [2].

Übrigens – „weibliche" Eigenschaften: dienen, Hingabe – er!

Und die Menschen, was ist von ihnen in diesem Bund gesagt? Sie „lieben, achten und ehren" Christus. Sie unterordnen sich, wie eben die Kirche sich Christus unterordnet. Aber – es ist schon zu spüren: Das sind Beschreibungen der Liebe in seinem Sinne, wie sie beide Partner in der Ehe leben können: Wenn beide auf diese Art Liebe vertrauen, wenn sie auf die Verwirklichung von Christi Liebe in ihrer Ehe als Stück solcher christlicher Gemeinschaft vertrauen, dann fügen sie sich in ein neues Gemeinsames ein und unterordnen ihr eigenes individuelles Interesse dem gemeinsamen, was dann wiederum beiden zugute kommt. Sie wissen: Bei diesem Gebot Nr. 1, wenn es den ganzen Segen bringen soll, den Gott damit schenken will – da kommt es auf die Gegenseitigkeit an. Zum Beispiel, gegenseitig bereit sein zur Unterordnung.

Viele Menschen haben aber Angst davor zu unterliegen. Daraus ist eine moderne „Ideologie" geworden, die sagt: Du darfst nicht unterlegen sein. Schade. Ist es nicht schön, wenn beide bereit sind, auch mal abwechselnd unterlegen zu sein? Es gibt viele Situationen des Lebens miteinander, in denen Überlegenheit und Unterlegenheit nicht zu vermeiden sind. Dann darf man doch ruhig auch mal die Unterlegenheit positiv betrachten im Sinne von: Ja, ich sage Ja dazu, ich unterordne mich – hier in diesem Fall; und nächstes Mal wird es der beziehungsweise die Andere sein. Statt der Angst vor der Unterlegenheit kann ich vielleicht sagen: Jetzt ist der Augenblick für mich, dass ich Ja sage – aus dem Vertrauen zum Anderen, der mir hier überlegen ist. Ich kann es genießen – wie in der sexuellen Begegnung: mal unten und mal oben. – Unterordnet euch, wenn's drauf ankommt. Nicht stur schematisch, nicht weil er es gesagt hat, sondern weil ich mich in gegenseitiger Liebe darauf verlasse: Es ist gut so.

Und ein anderes Wort gehört dazu: „dienen". Dienen – das schmeckt dem modernen Menschen angeblich gar nicht. Trotzdem „bedienen" Menschen in vielfältiger Weise nicht nur Geräte und Maschinen [3], sondern sie „dienen" durchaus Zielen und Aufgaben und einander, stellen sich zur Verfügung. In der Ehe genauso vielfältig.

Und „Hingabe" – das ist eine andere Art der Liebe, als sie üblich ist. Die übliche Liebe – ohne das Vertrauen auf Christus – ist ja immer in der Versuchung, um sich seiner selbst und seines Wertes zu vergewissern, sich zu sagen: Vorsicht, werde ich hier nicht zu sehr eingeengt?! Vorsicht, werde ich nicht untergebuttert?! Vorsicht, komme ich hier nicht zu kurz?! Vorsicht, ... Angst, sich zu binden. Die Angst um sich selbst. – Hier aber geht es um Vertrauen zu Christus.

In dieser ungewöhnlichen Art der Liebe zueinander braucht man immer wieder Stützen. Zu zweit alleine geht das nicht, sondern Eheleute brauchen Freunde. Manchmal und eigentlich kann man in der Gemeinschaft der Christen diese Freunde finden. Wenn es gelingt; wenn sich viele darum bemühen – in diesem selben Geist des Dienens, des Hingebens, des Unterordnens – gegenseitig – , weil da Christus mit seinem Leben und mit seinem Geist wirkt, mit seiner Liebe dieser Art. Und dann ist es für eine christliche Gemeinde eine Freude, wenn zwei Menschen sich trauen, einander so zu vertrauen, dass sie sich in ihrer Gemeinschaft kirchlich trauen lassen. Da kommt Freude auf, weil da spürbar Gestalt annimmt, was im Epheserbrief gemeint ist, wenn er die eheliche Partnerschaft zwischen Mann und Frau in Beziehung setzt zum Verhältnis zwischen Christus und der Kirche.

Bei einem solchen Verständnis von christlicher Ehe (Zwei von uns streben ganz persönlich das an, was wir gemeinsam als christliche Gemeinschaft wollen.) ergibt sich dann – in innerer Logik – das Bewusstsein einer besonderen Verantwortung solcher „christlicher Eheleute".

„... als christliche Eheleute ..."

Wenn zwei Menschen sich dafür entscheiden, dass ihre Beziehung zueinander der Ort sein soll, wo sie die Liebe, die Christus und seine Kirche verbindet, in besonderer Zuverlässigkeit erleben und leben können, dann ist das eine starke Perspektive. Und wenn es in einer Gemeinde viele davon gibt, dann zieht diese Liebe Kreise. So verstandene „christliche Eheleute" sind für eine ausstrahlende Kirche wichtig. Deshalb sieht „Die Feier der Trauung in den katholischen Bistümern des deutschen Sprachgebietes" (das offizielles liturgische Buch von 1992) vor der eigentlichen Trauung die Frage an die Brautleute vor: „Sind Sie beide bereit, als christliche Eheleute Mitverantwortung in der Kirche und in der Welt zu übernehmen?"

Eines Tages kam ein junges Paar, um die kirchliche Trauung mit mir vorab zu besprechen. Da ich beide nicht kannte, kam es mir zunächst darauf an, uns ein wenig kennen zu lernen und eine Vertrauensatmosphäre zu suchen. Das gelang ganz gut. Entspannt und lachend, in der Vorfreude auf ihre Hochzeit, sprachen sie offen über sich und ihr Leben.

In diese Offenheit hinein fragte ich: Und wie lange soll denn Ihre Ehe dauern? Die Antwort sinngemäß: Ach, wissen Sie, Herr Pfarrer, wir fangen erst gar nicht an mit so Sprüchen wie „das Leben lang"; wir bleiben so lange zusammen, wie es eben klappt. Da ich beide ernst nahm, konfrontierte ich sie nicht gleich mit meiner (auch kirchenoffiziellen) Sicht, sondern hörte weiter zu, wie sie das meinten und was sie sich dabei dachten. Dann sagte ich: Wir in der Kirche haben da eine Sicht von der Ehe – da müssen wir mal schauen, wie das mit Ihrer Sicht zusammenkommen kann. Und ich bemühte mich, verständlich darzulegen: Von einer „Ehe" reden - das geht nach den Mindestvorstellungen der Kirche nur, wenn beide Partner die aufrichtige Absicht haben, das Leben lang zusammen zu bleiben – wie es in der „Feier der Trauung ..." auch genannt ist: „Wollen Sie Ihre Frau / Ihren Mann lieben und achten und ihr / ihm die Treue halten alle Tage ihres / seines Lebens?"

Beide verstanden, dass es da ein Problem gab. Ich versuchte, eine Brücke zu bauen: Die Entscheidung zu einer Eheschließung sei ein Prozess, für den beide Partner Zeit brauchen, um Klarheit herzustellen und zu finden. Ich bot mich an, beide auf diesem Weg zu begleiten und zu beraten – ergebnisoffen und im Respekt sowohl für sie beide selbst als auch für das, was uns da in der Kirche heilig ist.

Das Gespräch endete nachdenklich. Beide wollten sich alles durch den Kopf gehen lassen und sich wieder melden, wenn sie den Dialog fortsetzen wollten. – Sie kamen nicht wieder.

---

[1] z.B. 1 Korinther 11,25; vgl. Jesaja 42,6
[2] vgl. auch Galater 2,20; Epheser 5,2; 1 Johannes 3,16
[3] die wir früher benutzt oder „gebraucht" haben – heutige „Bedienungsanleitungen" hießen früher „Gebrauchsanweisungen"

22 Mann und Frau wachsen zu *einem* Größeren

Eines Tages kamen Pharisäer zu Jesus, *„die ihm eine Falle stellen wollten, und fragten: Darf man seine Frau aus jedem beliebigen Grund aus der Ehe entlassen? Er antwortete: Habt ihr nicht gelesen, dass der Schöpfer die Menschen am Anfang als Mann und Frau geschaffen hat und dass er gesagt hat: Darum wird der Mann Vater und Mutter verlassen und sich an seine Frau binden und die zwei werden ein Fleisch sein? Sie sind also nicht mehr zwei, sondern eins. Was aber Gott verbunden hat, das darf der Mensch nicht trennen.* (Matthäus 19,3-6)

„Was Gott verbunden hat." Vorher allerdings sagt Jesus und greift damit ein Zitat aus dem Alten Testament auf (vgl. Genesis 2,24): „Der Mann wird ***sich*** an seine Frau binden." Wer bindet nun, wenn zwei Menschen heiraten? Sie selber oder Gott?

Nun, wenn junge Leute sich erinnern oder erzählen, wie das mit ihnen geworden ist, wird klar: Da ist etwas gewachsen und eine Perspektive entstanden, was sie im Lauf der Zeit dazu gebracht hat, sich füreinander zu entscheiden. Auf Grund von Erfahrungen, die sie miteinander gemacht haben und die sie hoffen ließen: Das wird gut mit uns beiden. Sie haben sich verbunden, haben sich aneinander gebunden. Im katholischen Trauungsritus wird ein Paar vor der eigentlichen Trauung gefragt: „Haben Sie sich aus freiem Entschluss zur Eheschließung entschieden?" Aus freiem Entschluss! Die Kirche erkennt eine Ehe nicht an, wo nicht beide Partner sich selber, aus ihrem eigenen freien Entschluss aneinander binden. Und so zitiert es auch Jesus aus dem Alten Testament. Er spricht nur vom Mann; das war damals so üblich. An beide Partner ist gedacht; vorher ist ja auch

von „Mann und Frau" die Rede. „Der Mann – er wird sich binden." Man kann ergänzen: Und sie wird sich binden. In freier Entscheidung. Und dennoch sagt Jesus und benennt das mit den Worten „Was aber Gott verbunden hat, ..." So ist unser Gott: Er tut nichts ohne unsere freie Zustimmung. Er verlangt nicht, dass diese Person und jene Person sich aneinander binden. Sondern er will verbinden und wartet auf unsere Zustimmung in Gestalt einer freien Entscheidung. Das Ja-Wort der Brautleute ist ihr Ja-Wort zu der Verbindung, die Gott herstellt. Ein Ja, auf das Gott wartet und das dann – gut überlegt – ohne Wenn und Aber gelten soll. Im Vertrauen darauf: Das bringt's!
Einen zweiten Gedanken aus diesem Bibeltext: „Die zwei werden dann ***ein*** Fleisch sein." ***Ein*** Fleisch. Wie ist das gemeint? Manchmal sagt man flapsig: „meine bessere Hälfte". Als sei man nur noch ein halber Mensch, wenn man verheiratet ist. So ist das hier sicher nicht gemeint! Jesus greift aus dem Alten Testament die Aussage auf: Der Schöpfer hat die Menschen als Mann und Frau geschaffen. (vgl. Genesis 1,27)

Ganze Menschen hat er geschaffen. Ganze, heile Menschen, vollständige Menschen – unterschieden, nicht gleich. Nein, der Schöpfer hat es darauf angelegt, unterschiedliche, jeweils eigene, ganze Menschen zu schaffen – mit Eigenheiten, so dass sie einander zugeordnet sind, aufeinander hin streben, damit aus dem Miteinander von unterschiedlichen ganzen Menschen, die einander zugeordnet sind, etwas Neues entsteht, menschliches Leben. Deutlich zu erleben, symbolisch verdichtet, wenn aus einer Ehe ein Kind hervorgeht. Neues Leben entsteht aus der Ver-ein-igung. Diese unterschiedlichen Menschen, die im Gespür haben, dass sie einander zur Ergänzung brauchen und dem entsprechend sich einander zuordnen, – aus ihnen soll – und das ist sein Versprechen – Neues entstehen. Das aufeinander abgestimmte Miteinander bringt ja ganz andere Möglichkeiten als zwei Individuen für sich allein.

Auch im Epheserbrief des Neuen Testaments wird dasselbe Zitat aus dem Alten Testament aufgegriffen (siehe auch im vorangehenden Kapitel 21 „Die Liebe, mit der Christus liebt"):

Ahmt Gott nach als seine geliebten Kinder und liebt einander, weil auch Christus uns geliebt und sich für uns hingegeben hat. Ihr Männer, liebt eure Frauen, wie Christus die Kirche geliebt und sich für sie hingegeben hat, um sie im Wasser und durch das Wort rein und heilig zu machen. So will er die Kirche herrlich vor sich erscheinen lassen, ohne Flecken, Falten oder andere Fehler; heilig soll sie sein und makellos. Darum sind die Männer verpflichtet, ihre Frauen so zu lieben wie ihren eigenen Leib. Wer seine Frau liebt, liebt sich selbst. Keiner hat je seinen eigenen Leib gehasst, sondern er nährt und pflegt ihn, wie auch Christus die Kirche. Denn wir sind Glieder seines Leibes. Darum wird der Mann Vater und Mutter verlassen und sich an seine Frau binden und die zwei werden ein Fleisch sein. Dies ist ein tiefes Geheimnis; ich beziehe es auf Christus und die Kirche. (Epheser 5,1-2a. 25-32)

Da wird das Zitat aus dem Alten Testament zunächst einmal kommentiert mit dem Staunen: „Das ist ein tiefes Geheimnis." Und dann weiter: „Ich beziehe es auf Christus und die Kirche." Dieses Geheimnis von Menschsein, geschaffen als Mann und Frau. Mit „Geheimnis" ist das griechische „mysterion" übersetzt. Und „mysterion" heißt anderswo „Sakrament". Ich beziehe dieses Miteinander von Mann und Frau in der Ehe, sagt der Schreiber des Epheserbriefs (ein namentlich unbekannter Schüler des Apostels Paulus), als „Sakrament" auf Christus und die Kirche. In diesen Zusammenhang stellt er die Ehe: Ich beziehe das Miteinander zwischen Eheleuten auf Christus und die Kirche. Nämlich das Neue, das dabei entstehen soll. Auf Christus? Ja, da stand ja auch am Anfang: „Ahmt Gott nach!" Christus selber hat den Vater verlassen und ist unter die Menschen gegangen, und Paulus spricht da von der Kirche als der Braut Christi. Er hat es getan: Vater verlassen, sich an seine Frau, sprich Braut: die Kirche – bildhaft gesprochen – an sie hat er sich gebunden – unlösbar – in einer Liebe, die man nicht fassen kann; so groß, so energiereich, so stark ist diese Liebe.

Etwas von dieser Art tun Menschen, die in solchem Verständnis von Ehe einander heiraten. Gerade wenn das im Rahmen einer Eucharistiefeier geschieht, kann deutlich werden und entsprechend bestärken: Die Partner „kommunizieren" miteinander, Kommunion in Christus geschieht. Da entsteht und wächst das Neue, „ein Fleisch", Christus leibhaftig. Die Kirche hat seit Jahrhunderten immer wieder als Merksatz von der Ehe gesagt: Die Ehe ist die kleinste Zelle der Kirche. In einem Miteinander der beiden, in dem sie – wie der Epheser-Text es sagt – „im Wasser und durch das Wort" ihren Weg, ihre Zukunft suchen, also im Getauftsein und im Hören auf das Wort der Bibel, durch das Gott selber lebendig zu uns spricht für unser Heute, da wächst Kirche: Mann und Frau, unterschiedliche Menschen, einander zugeordnet, die sich dem Schöpfer anvertrauen, von dem wir bekennen, dass er zugleich der Vollender der Welt ist und uns mit einem neuen Geist prägt, so dass eine neue Menschheit entsteht. Und die beiden eine Zelle davon. Eine Trauung innerhalb der Eucharistiefeier wird dann zum Bekenntnis: Unser Brot für unser Leben als Eheleute, als dezidiert christliche Eheleute, unser Brot dafür ist Christus. So bezeugen und tun wir es in der Kommunion. Da wächst dieses ***eine*** Fleisch immer wieder: eine neue menschliche Gestalt in Form der Gemeinschaft seiner Mit-Glieder. In Form der Gemeinschaft aus vielen Zellen des Miteinanders aus der Kraft des Glaubens.

Christus verlässt den Vater und bindet sich an die Kirche, und so entsteht ein neues „Fleisch", ein neuer Organismus in dieser Welt. Ebenso werden zwei Menschen, die mit davon geprägten Vorstellungen die Ehe miteinander aufnehmen, ***ein*** Fleisch sein: Zelle des Leibes Christi in dieser Welt. Bauzelle. Und jede Zelle und jedes Organ am menschlichen Leib hat ja eine bestimmte wichtige Bedeutung und Verantwortung für das Leben des ganzen Organismus!

Wozu das Ganze dienen soll, also welches Ziel uns hier vor Augen steht, wofür auch Einzelne und Paare sich entscheiden in aller Freiheit und in Zustimmung zu Gott und seinem Wort und seinem Plan – das nennt der Epheserbrief: So will er die Kirche herrlich vor sich erscheinen lassen. – Weil dann ja ein Organismus wächst in dieser Welt, in dem das geschieht, worauf christliche Eheleute sich verpflichten: einer den andern zu lieben, einer den andern zu achten, einer den andern zu ehren. Das sind ja Grundvollzüge von Kirche. Unsere Vision, die Gott uns schenkt, wird da bestärkt, dass die Kirche im Wachsen ist. Da wird Kirche immer mehr ein Ort – eine menschliche Gemeinschaft mit Gottes Kraft als Motor – , wo alle Menschen es erleben können: Da wird man geliebt, da wird man geachtet, da wird man geehrt. Der Mensch. Das geschieht natürlich nur, kommt zustande und gelingt nur dort, wo Menschen sich bewusst und frei und ehrlich entschieden haben, dafür eine Zelle zu sein, mit beizutragen oder – wie es im Ritus heißt – dafür Mitverantwortung zu übernehmen.

Ein großes Ziel! Der Weg von Eheleuten mit diesem Ziel ist von der Zusage Gottes geprägt, dass sie auf diesem Weg glücklich werden sollen. Dazu hat er sich unlösbar an sie gebunden. Und Gott hat beide in derselben Qualität seiner Liebe verbunden. Was wäre es widersinnig, so etwas jemals wieder zu trennen! Das kann man einfach nicht. Nein, das darf man nicht.

„Christliche Eheleute“ haben sich miteinander verbunden: Gott hat sie verbunden. Nach dem Ur-Muster von Jesus Christus: Stil der Menschen, die miteinander seine Kirche sind.

23 Jesus offenbart, wozu Großsein gut ist

Jesus und seine Jünger zogen durch Galiläa.

Er wollte aber nicht, dass jemand davon erfuhr; denn er wollte seine Jünger über etwas belehren. Er sagte zu ihnen: Der Menschensohn wird den Menschen ausgeliefert und sie werden ihn töten; doch drei Tage nach seinem Tod wird er auferstehen. Aber sie verstanden den Sinn seiner Worte nicht, scheuten sich jedoch, ihn zu fragen.

Sie kamen nach Kafarnaum. Als er dann im Haus war, fragte er sie: Worüber habt ihr unterwegs gesprochen? Sie schwiegen, denn sie hatten unterwegs miteinander darüber gesprochen, wer von ihnen der Größte sei.

Da setzte er sich, rief die Zwölf und sagte zu ihnen: Wer der Erste sein will, soll der Letzte von allen und der Diener aller sein. (Markus 9,30-35)

Jesus möchte so gerne die Vorstellung korrigieren, die seine Leute von dem haben, was das ist: der Messias, der Retter, der Sohn Gottes, ..., der Menschensohn. Und was haben sie im Kopf? – Sie streiten sich, wer von ihnen der Größte ist.

Unser Urteil fällt nicht schmeichelhaft aus. – Damit machen wir aber auch eine Aussage: Also, wir wären ja nicht so doof wie die! – Also: Wir sind besser; im Wettstreit mit ihnen sind wir die Größten. Und schon sind wir in die Falle total hineingetappt! Eine Falle, die sich wahrscheinlich, seit es Menschen gibt und solange es Menschen geben wird, immer wieder anbietet. Und da kann Jesus sich den Mund fusselig reden: Seine Christen verstehen den Sinn seiner Worte nicht, möchten es vielleicht auch gar nicht so gerne verstehen. Denn sie spüren, dass er da etwas korrigieren will. Wir lassen uns aber nicht gerne korrigieren.

Sie hatten unterwegs miteinander darüber gesprochen, wer von ihnen der Größte sei. Was sollen wir uns darunter vorstellen? – Heute sieht das vielleicht so aus: Die Namensschilder an der Haustür zeigen, welche Menschen in einem Haus wohnen. Wenn da viele türkische und spanische und andere ausländisch kleingende Namen stehen und dann ist da vielleicht ein deutscher Name mitten drinnen und dann ist es mal an einem Abend laut im Haus – und dann ist die nächste Woche mal die Hausordnung nicht so sauber erledigt – und als Drittes toben vielleicht Kinder durchs Haus zu Zeiten, wo sich das für anständige Leute nicht gehört, ... – dann ist immer wieder zu hören: Die haben sich gefälligst besser anzupassen an das, was bei uns gilt!

Auf den ersten Blick mag das für viele einfach ganz vernünftig klingen. Auf den ersten Blick kann man natürlich auch jede Menge echte Argumente in die Waagschale werfen. Und auf den zweiten Blick entdecken wir vielleicht, dass unter diesem Etikett, das so normal und achtenswert klingt, es dem, der so redet, um seine eigenen Bedürfnisse geht, die er auf diese Tour geltend macht – Bedürfnisse, die sicher – da sie doch Bedürfnisse eines Menschen sind – anerkennenswert und achtenswert sind! Nur – das Etikett „Die haben sich gefälligst zu integrieren !" – das stimmt dann nicht mehr. Denn da sind ja auch diese Anderen im Haus, die auch Menschen mit Bedürfnissen sind. Die könnten vielleicht auch geschickte Etiketten aufbringen oder sogar direkt von ihrem Bedürfnis und ihrem Interesse sprechen, z.B. geltend machen, dass sie sich mit ihren Familienangehörigen gerne treffen, und wenn die dann zusammen kommen und sich gegenseitig besuchen, dann ist es halt mal lauter – „wir bitten Sie um Verständnis und um Nachsicht ..."

Hier ist auf den zweiten Blick genau das zu erkennen, was das Evangelium schon von den Jüngern damals erzählt, nämlich: Es geht immer wieder darum, wer der Größte sei – jeweils größer als die Andern – und wer sich deshalb als Maßstab aufspielen darf. Der „Größte" sein, das möchten wir immer wieder – wenn auch oft hinter aufgeklebten Etiketten geschickt versteckt. Und es ist üblich geworden, dass diejenigen, die eine Norm der Mehrheitsbevölkerung geltend machen können („Leitkultur"?), meinen, sich durchsetzen zu dürfen. Eine Mehrheit, die sich darauf gründet, hier geboren zu sein – schon in der x-ten Generation. Als sei das ein Argument, mehr Recht zu haben, sein Bedürfnis geltend zu machen, als der, der erst in der ersten Generation hier geboren ist oder vielleicht sogar erst seit zwei Jahren hier lebt!

Aber das ist ja nicht nur eine Sache, die sich an Rasse und nationaler Herkunft fest macht, sondern das fängt schon in der Familie an: Solange mir eine bestimmte Denkweise oder Bestrebung eines anderen Menschen - und stehe er mir noch so nahe – fremd ist, solange ist ***meine*** Denkweise und Bestrebung die selbstverständliche und „normale", ist das Einzige vielleicht, das ich kenne, und deswegen auch Maßstab. Und dann passiert es – das ist das Wesen der Falle, in die wir allesamt viel zu schnell tappen – : Wenn mir ein anderer Mensch mit einer mir bisher fremden Bestrebung oder Denkweise begegnet, dann mache ich ihm gegenüber meine Bestrebung oder Denkweise zum Maßstab. Ich mache geltend, dass meine Bestrebung und Denkweise mehr Recht beanspruchen kann. Das ist genau das, wovon hier die Bibel redet: Ich bin größer als du.

Wenn man diese Einstellung und die daraus erwachsenden Probleme anschaut – egal ob in der Familie oder im multikulturellen Zusammenleben in einem Stadtteil oder auch weltweit – mit der Frage, wohin das führt – , dann ergibt sich: Der, der sich heilsam erinnernd und korrigierend einsetzt für das Heilen dieser menschlich-unmenschlichen Problematik, der muss ans Kreuz!

Und für uns aber ist ***er*** selber Gottes Wegweiser. Wegweisung des Gottes, von dem wir daran fest halten, dass jeder Mensch nach seinem Bild geschaffen ist.

Was sollen wir tun? Was sollen wir tun, wenn wir Menschen sein wollen, die sich wirklich von ihm leiten lassen und auf ihn hören und auf ihn die Hoffnung setzen und uns mit geglücktem Leben beschenken lassen wollen? Was sollen wir, was können wir tun?

Jesus sagt: „Wer von euch der Erste sein will", – es muss ja nicht gleich der Erste in Deutschland sein oder gar der Erste in der ganzen Welt. Nehmen wir ein kleineres Beispiel: der Erste in der Clique, der Erste in der Familie, der Erste in der Begegnung zwischen zwei Personen. Wer da „mehr" als der andere sein will, der kann ja mehr sein. Zwar nicht in seinem Menschsein; da gibt es keinen Unterschied: Mensch ist Mensch, Menschenwürde ist Menschenwürde ohne Maßunterschiede. Aber da kann „größer" ein Unterschied sein in einer bestimmten Verhaltensweise: „der Diener aller sein", sagt Jesus; sich fürs Gelingen für alle zur Verfügung stellen – insbesondere natürlich, wie er sagt, noch den Letzten sich dienend zur Verfügung stellen.

Das stellt unsere alten Maßstäbe auf den Kopf, beziehungsweise unsere auf dem Kopf stehenden Maßstäbe wieder auf die Füße. Es ist eine Frage, die uns vor Gott demütig machen will: „Gib uns, Gott, die wahre Weisheit: Mach uns demütig vor dir und geschwisterlich unter den Menschen."[1] Es ist also die Bereitschaft, selbstkritisch und bescheiden und demütig vor Gott neu zu schauen und dabei dann zu wissen: Da sind immer noch Verbesserungen möglich – nicht in einem perfektionistischen Sinn, aber sehnsüchtig: Ich kann noch mehr an „Leben" finden, als ich jetzt schon habe. Eine Einstellungsänderung also ist das Eine.

Und das Andere: Aus dieser Einstellung von Demut und Geschwisterlichkeit heraus wird dann das Andere gelingen – die Auseinandersetzung: Wenn da die Einen mit ihrem Bedürfnis nach nächtlicher Ruhe – und sei es z.B. die Nachbarschaft von einem von Jugendlichen nächtens zweckentfremdeten Spielplatz – sich schwer belästigt sehen, dann muss man das geltend machen. Und wenn die Anderen, die die Quelle der Belästigung darstellen, keinen andern Ort erkennen, wo sie sich treffen könnten, dann müssen die das auch geltend machen. Und dann muss man einen Weg finden, der allen gerecht wird. Manchmal wird man dabei erkennen, dass die beteiligten wenigen Personen dazu nicht in der Lage sind; dann braucht es eben das größere

Gemeinwesen, das da eingeschaltet werden muss. Die Bewohner eines Stadtteils werden froh sein, wenn es dafür seitens der Kommune, der Kirche oder seitens eines gemeinnützig arbeitenden Vereins eine schlichtende und weiterhelfende Initiative gibt. Menschen, die sich dafür „groß" machen, sind willkommen! Menschen, die beim Auseinandersetzen helfen und die, wenn es sich dann als nötig erweist, mit dem Gewicht einer größeren Einheit wie etwa der Kirchengemeinde politische Notwendigkeiten einfordern, die sich bei dem Konflikt herausgestellt haben.

Wir träumen mit Gott gemeinsam von einer Welt, in der endlich Abschied genommen wird von der Manie, größer sein zu müssen als andere. Dieser Traum wird gelingen in dem Maß, wie wir uns im Vertrauen auf Jesus Christus von ihm den Weg weisen lassen und diese andere Art von „Größe" entwickeln. Auf seinen Spuren.

„Was der sich hervortut!"

So haben wahrscheinlich damals einige gesagt, die mich nicht so sehr mochten. – Was war geschehen?

Jürgen Streit und ich hatten uns kennen gelernt. Er, der kritische Gewerkschafter und stellvertretende Vorsitzende im Betriebsrat der Chemie-Firma Cassella, und ich, der katholische Pfarrer. Protest gegen Ausländerhass im Stadtteil hatte uns ursprünglich zusammengeführt. Und jetzt – 1995 – sollte Cassella an die Hoechst AG (Mehrheitseigentümerin der Cassella) verkauft werden, „auf sie verschmolzen" werden. Viele Arbeitsplätze in Fechenheim und darüber hinaus der Stadtteil waren in Gefahr. Jürgen und ich setzten uns zusammen: Was können wir tun – Belegschaft und Kirchengemeinde zusammen? Eigentlich war uns klar: Nichts. Trotzdem phantasierten wir drauf los: Man müsste ...... Und dann entstand eine Idee: Eine (für Fechenheimer Verhältnisse) „Groß"-Veranstaltung (groß musste sie schon sein, wenn sie irgendwie wirksam sein sollte), um die Interessen der Belegschaft und des Stadtteils dem Interesse der Mehrheitsaktionäre entgegenzustellen. Fernsehmoderator? Oberbürgermeister? Und – da gerade Wahlkampf - OB-Kandidatin? ...... Und dann lachten wir miteinander: ganz schön größenwahnsinnig! Aber wir blieben dabei. Schlimmstenfalls war unser Risiko, dass unser Versuch bekannt würde und erfolglos blieb und wir dafür ausgelacht würden. – Aber sie kamen alle und haben mitgemacht und sich gestellt. Und der Saal war voller Menschen. Das Fernsehen hat berichtet. Die Problematik kam mit dem ihr gebührenden Gewicht in die Öffentlichkeit. Und vor Ort entstand daraus ein „Runder Tisch" unter Beteiligung aus Belegschaft, Firmenleitung, Kirchengemeinde und Stadtteil.

Zwar wurde dadurch weder der Verkauf von Cassella an Hoechst und damit der Abbau von Arbeitsplätzen verhindert noch die vorauszusehenden Nachteile für den Stadtteil. Aber die Alternative wäre gewesen, die Sorgen der Menschen links liegen zu lassen. Und das wollten wir nicht! In dem Bestreben, dem Gemeinwohl mehr Geltung zu verschaffen als einem Gruppeninteresse – oder mit den Worten von Jesus aus dem Evangelium: „Diener aller (zu) sein" – , nahmen wir gerne die Unterstellung in Kauf, wir wollten uns damit nur selber „groß machen".

---

[1] Messbuch, Schlussgebete zur Auswahl Nr. 1

24 Wenn's drauf ankommt: Zivilcourage!

Nachdem der Autor des Hebräerbriefs (in Kapitel 11) auf Abraham, Noach, David und Andere verwiesen und ihr „Glauben" genanntes Handeln gepriesen hat, fährt er fort:

Da uns eine solche Wolke von Zeugen umgibt, wollen auch wir alle Last und die Fesseln der Sünde abwerfen. Lasst uns mit Ausdauer in dem Wettkampf laufen, der uns aufgetragen ist, und dabei auf Jesus blicken, den Urheber und Vollender des Glaubens; er hat angesichts der vor ihm liegenden Freude das Kreuz auf sich genommen, ohne auf die Schande zu achten, und sich zur Rechten von Gottes Thron gesetzt. Denkt an den, der von den Sündern solchen Widerstand gegen sich erduldet hat; dann werdet ihr nicht ermatten und den Mut nicht verlieren. Ihr habt im Kampf gegen die Sünde noch nicht bis aufs Blut Widerstand geleistet. (Hebräer 12,1-4)

Zweimal steht in diesem kurzen Text aus dem Hebräerbrief das Wort „Widerstand". Einmal der Widerstand der „Sünder" gegen Jesus, also der Widerstand, den Jesus „erduldet hat". Und dann der Widerstand, den „ihr" „im Kampf gegen die Sünde noch nicht bis aufs Blut" geleistet habt. – Was haben Kirche und Widerstand miteinander zu tun?

Jesus hat diesen Widerstand vollbracht. Dadurch konnte das Neue – Gottes Wille – in der Welt neu anfangen: „Die Armen sollen essen und sich sättigen. ... Den Herrn sollen preisen, die ihn suchen. ... Vor ihm allein sollen niederfallen die Mächtigen der Erde!" (Psalm 22,27.30) [1] – Was für eine Veränderung!

Bevor jemand in die Gemeinschaft der Kirche aufgenommen

wird, bevor jemand durch die Kirche als Glied am Leib Christi aufgenommen wird, muss er sich bekennen – das ist eine Vorbedingung für die Taufe – muss er sich, wissend wofür, als zum Widerstand bereit bekennen: Seit eh und je und überall ist vor der Taufe der Mensch, der getauft werden soll, danach gefragt worden: Widersagst du dem Bösen? Und: Glaubst du an Gott – Vater, Sohn und Heiliger Geist?

Dem Glauben an das Böse absagen und, losgesagt von seiner Herrschaft, sich der Freiheit der Kinder Gottes verschreiben – Jesus hat das vollbracht. Auf ihm lastete natürlich genau so wie auf jedem von uns die Macht des Bösen, die von überall her auf uns zu kommt – die Macht, die uns abverlangt mitzuspielen bei der Ungerechtigkeit; die Macht, die uns abverlangt, dass wir uns zufrieden geben mit den Spielregeln, so wie sie sind – zum Beispiel vertreten durch die Pharisäer, die Jesus bedrängen: Wie kannst du zulassen, dass deine Jünger hier Ähren pflücken, obwohl das am Sabbat verboten ist! (vgl. Markus 2,23-28) Oder: Wie kannst du dich mit Zöllnern und Sündern an einen Tisch setzen! (vgl. Markus 2,16) Wie kannst du sagen, dass du mit deinem Leben den Tempel niederreißt und ihn innerhalb von drei Tagen neu aufbaust! (vgl. Johannes 2,20)

Wie kannst du nur die anerkannten Glaubens- und Lebens-Maßstäbe mit einem Achselzucken quittieren und völlig neu an einen grenzenlos liebenden Vater glauben!

Das meint hier der Hebräerbrief als „Widerstand" der Sünder gegen ihn. Es ist also ein gegenseitiges Spiel von Kräften: Die Sünder – Widerstand gegen Jesus. Der wird ihn ans Kreuz bringen. Und Jesus – Widerstand gegen die Sünde, gegen das Böse. Das Ganze nennt der Hebräerbrief einen „Kampf", in dem Jesus bis aufs Blut den Widerstand geleistet hat. Und „ihr", so sagt der Hebräerbrief, „habt im Kampf gegen die Sünde noch nicht bis aufs Blut Widerstand geleistet". Deswegen fordert er auf: „Lasst uns mit Ausdauer in dem Wettkampf laufen!" Dieser Wettkampf ist uns aufgetragen.

Das Leben, das Jesus bringt und an dem er Anteil gibt, ist ein Kampf. Nur – es ist ein Kampf, in dem der Sieg zugesagt ist. Ein

Kampf, in dem es Ausdauer braucht. Ein Kampf, in dem wir – wie der Hebräerbrief uns hier ermutigen will – auf Jesus schauen sollen. Denn der hat ja angesichts der vor ihm liegenden Freude – die natürlich auch die vor ***uns*** liegende Freude ist – das Kreuz auf sich genommen. Und dann hat er gar nicht auf die Schande geachtet, die das bedeutet, die das mit sich bringt.

Die Kraft, die Jesus beseelt hat, ist ein wesentlicher Teil des Lebens, an dem er uns Anteil gibt und all denen, die Glieder an seinem Leib sind. „Dann werdet ihr nicht ermatten und den Mut nicht verlieren." Wenn ihr an den denkt, der der Eigentliche ist, der hier im Kampf steht.

So handelt man sich Ärger ein

„Kommt jetzt der Ärger mit den Landfahrern?" Mit diesem Titel hatte das Lokalblatt im Jahr 1981 „Zigeuner", die im Stadtteil lebten, pauschal als kriminell diffamiert. Am Sonntag danach – vor dem Hintergrund des Wortes von Jesus aus dem Evangelium „Liebt eure Feinde!", sagte ich in der Predigt:

„Wenn wir den Feind lieben sollen – als Zielrichtung, in die hin wir uns entwickeln sollen, dann liegt doch sicher sogar noch weit vor diesem Ziel, dass wir andere Menschengruppen, Minderheiten nicht hassen und nicht gegen sie hetzen. Das Lokalblatt hat schon in der Vergangenheit – häufig in schmerzlicher Weise – gehetzt: gegen Einzelne und gegen Gruppen, die in unserm Stadtteil wohnen. Er hat es wieder getan, diesmal gegen „Zigeuner". Hetzen hat zur Wirkung, dass Bevölkerungsteile gegeneinander aufgestachelt werden. Das ist Hass. Das muss man beim Namen nennen. Jesus will aber, dass wir solches Einander-Hassen beenden. Sonst eskaliert es, schaukelt sich in einer Spirale auf. Zum Kern des Evangeliums gehört es, die Wahrheit beim Namen zu nennen und nicht feige zu kneifen. Jeder, der dieses Lokalblatt unterstützt – dadurch dass er es kauft oder Anzeigen in ihm aufgibt oder sich an seinen Preisausschreiben beteiligt – , wird sich nach diesem gestrigen Artikel erneut fragen müssen, ob er es mit seinem Gewissen vereinbaren kann, jemanden zu unterstützen, der gegen Minderheiten unseres Stadtteils hetzt. Jesus selbst hat für sich und für andere Gewalt und Hass erlitten, aber er hat nie feige geschwiegen. Das ist seine Art gewesen, das Reich Gottes in dieser Welt anbrechen zu lassen."

Daraufhin ließ mich das Lokalblatt durch einen Rechtsanwalt auffordern, „derartige diskriminierende Äußerungen in Zukunft zu unterlassen und eine entsprechende Unterlassungserklärung abzugeben" – mit Frist von fünf Tagen; ansonsten wurde mir eine Unterlassungsklage angedroht. Die Angelegenheit hat mich belastet. Aber in der Gewissheit kräftigen Rückhalts in der Gemeinde weigerte ich mich ausdrücklich. Dabei blieb es.

---

[1] Psalm 22,27.30 – aus dem „Antwortpsalm", der in der kirchlichen (katholischen) Leseordnung dem genannten Abschnitt Hebräer 12,1-4 als Lesungs-Text für die Eucharistiefeier am Dienstag der 4. Woche im Jahreskreis / Jahr I zugeordnet ist

25 Bereitschaft zum Widerstand – im Vertrauen auf seinen Frieden

Ehrlich gesagt: Bei allem Engagement hätte ich es doch oft gerne gehabt, einfach in Frieden gelassen zu werden. Einerseits jedenfalls. Der Beruf als Priester bringt so manche Konflikte mit sich. Unbequemes.

Vielleicht möchte ja jeder Mensch oft – mindestens einerseits – am liebsten in Frieden gelassen werden. Das gestehe ich auch jedem Menschen zu.

Um so deutlicher habe ich das Problem empfunden, wenn ich wieder mal meinte, in Gottesdiensten etwas sagen zu müssen, was schon vorab Reaktionen erwarten ließ wie „Ach, auch das noch – in der Kirche! Wir wollen hier damit in Frieden gelassen werden!"

Wenn das nur so einfach wäre! In solchen Momenten hab ich so manches Mal an Jeremia gedacht. Von diesem Propheten ist in der Bibel sehr deutlich erzählt, wie jemand immer wieder in der Spannung lebt, einerseits doch in Frieden gelassen werden zu wollen, aber auf der anderen Seite von Gott immer wieder so geführt zu werden, dass es ihm Unfrieden einbringt. Jeremia beklagt sich bei Gott: Warum hast du mich überhaupt mit einer solchen Aufgabe betraut! Hättest du mich doch besser in Frieden gelassen! Du weißt ja, ich habe so und so oft ausweichen wollen. Aber immer wieder habe ich mich von deinem Wort betören lassen, Herr! (z.B. Jeremia 20,7) Und ich sehe ja, was ich mir damit an Schwierigkeiten verschaffe. Er leidet: „Verflucht der Tag, an dem ich geboren wurde!" (z.B. Jeremia 20,14) Weil er kaum fertig wird mit der Spannung zwischen seiner Sehnsucht nach Frieden – „in Frieden gelassen zu werden" – und seinem Auftrag.

Ein Beispiel aus seiner Geschichte: 587 vor Christus. Von der staatlichen Existenz des Volkes Israel blieb nur noch wenig übrig. Es war Opfer der Zwietracht zwischen den Großmächten: im Nordosten Babylonien, im Süden Ägypten. Und dazwischen Israel, von einem König regiert. Das Volk, das eigentlich überzeugt war, wenn es auf Gott hört, sich an seinem Wort orientiert, dann geht es in eine gute Zukunft, – dieses Volk hat immer wieder ***nicht*** auf Gott gehört, hat sich seine Zukunft mehr von den in der Welt üblichen Dingen erwartet. So vertrauten sie auch der militärischen Rüstung mehr als Gottes Botschaft. Und da nun wieder einmal Babylonien mehr Einfluss über Israel hatte, dabei aber das Volk Schlimmstes zu befürchten hatte, strebte man nach Befreiung. Allerdings eben nicht in der Hoffnung auf Gott, sondern indem man anfing, mit den Ägyptern zu schäkern. Da trat Jeremia auf, der Prophet, und erinnerte: Erhofft euch eure Zukunft nicht von diesem militärischen Taktieren! Eure Zukunft liegt im Hören auf Gott! Damit machte er sich sehr unbeliebt. Die schlimme Situation spitzte sich zu – für alle und für Jeremia – eben im Jahr 587 vor Christus: Jerusalem war belagert von den Babyloniern, die es nicht zulassen wollten, dass Israel sich von ihnen unabhängig machte. Und nun, in der Gefahr, dass das Heer der Babylonier die Stadt vernichtet, sagt Jeremia: Ihr müsst alle hinausgehen (eigentlich: überlaufen!) zu den Babyloniern; es bleibt euch keine Alternative; nur so könnt ihr überleben! – Da heißt es: Wehrkraftzersetzung! Weg mit ihm!

In jenen Tagen sagten die Beamten zum König: Jeremia muss mit dem Tod bestraft werden; denn er lähmt mit seinen Reden die Hände der Krieger, die in dieser Stadt noch übrig geblieben sind, und die Hände des ganzen Volkes. Denn dieser Mensch sucht nicht Heil, sondern Unheil für dieses Volk. Der König Zidkija erwiderte: Nun, er ist in eurer Hand; denn der König vermag nichts gegen euch. Da ergriffen sie Jeremia und warfen ihn in die Zisterne des Prinzen Malkija, die sich im Wachhof befand; man ließ ihn an Stricken hinunter. In der Zisterne war kein Wasser, sondern nur Schlamm, und Jeremia sank in den Schlamm. Der Kuschiter Ebed-Melech, ein Höfling, sagte zum König: Mein

Herr und König, schlecht war alles, was diese Männer dem Propheten Jeremia angetan haben; sie haben ihn in die Zisterne geworfen, damit er dort unten verhungert. Denn es gibt in der Stadt kein Brot mehr. Da befahl der König dem Kuschiter Ebed-Melech: Nimm dir von hier drei Männer mit und zieh den Propheten Jeremia aus der Zisterne herauf, bevor er stirbt. (Jeremia 38,4-6.8-10)

Ähnlich der Weg von Jesus – mit dem Unterschied, dass sich bei ihm der ganze Konflikt extrem zuspitzte und er dann wirklich umgebracht wurde. Weil er nicht zurückwich, sondern - seiner Sache bewusst und treu – den Widerstand konsequent durchhielt:

In jener Zeit sprach Jesus zu seinen Jüngern: Ich bin gekommen, um Feuer auf die Erde zu werfen. Wie froh wäre ich, es würde schon brennen! Ich muss mit einer Taufe getauft werden und ich bin sehr bedrückt, solange sie noch nicht vollzogen ist. Meint ihr, ich sei gekommen, um Frieden auf die Erde zu bringen? Nein, sage ich euch, nicht Frieden, sondern Spaltung. Denn von nun an wird es so sein: Wenn fünf Menschen im gleichen Haus leben, wird Zwietracht herrschen: Drei werden gegen zwei stehen und zwei gegen drei, der Vater gegen den Sohn und der Sohn gegen den Vater, die Mutter gegen die Tochter und die Tochter gegen die Mutter, die Schwiegermutter gegen ihre Schwiegertochter und die Schwiegertochter gegen die Schwiegermutter. (Lukas 12, 49-53)

Da haben wir sie wieder mal, solche Anstoß erregenden Worte, vor denen wir am liebsten „in Frieden gelassen werden" wollen. (Da gibt es tatsächlich Gemeinden, die quittieren dann einen solchen Bibeltext im Sonntags-Gottesdienst mit dem üblichen Ruf „Lob sei dir, Christus!") Das ist nichts, woraus ein Pfarrer eine schöne Predigt machen kann. Und wer doch hinterher gesagt bekommt „Herr Pfarrer, heute haben Sie aber wieder schön gepredigt", der wird den Text entweder ignoriert oder gehörig verdreht haben. Und wenn das einer tut, dann wahrscheinlich aus dem sehr verständlichen Motiv, weil er – wie seine Hörer – eben gerne in Frieden gelassen werden möchte.

Wenn das aber dort geschieht, wo wir Gott suchen – den Gott, den Jesus verkörpert, dann müssen wir uns sagen lassen: So geht das nicht! Dann werdet ihr ihn nicht finden! – Wenn wir ihn suchen, riskieren wir, nicht in Frieden gelassen zu werden. So unbequem das auch sein mag. Wenn fünf in einem Haus leben, wird jetzt, von nun an, nämlich von dem Augenblick an, wo Jesus dabei ist, Zwietracht herrschen!

Wie sollen wir das verstehen?!

Mancher missbraucht diesen Text und sagt: Seht ihr, von wegen „Frieden" und Kirche! Es geht Christus gar nicht um den Frieden. In der Zeit des Kalten Krieges sagten manche: Wenn Kirche vom Frieden redet, dann ist das nur, weil Moskau im Spiel ist! – Eigentlich eine Gotteslästerung! Denn wer so redet, missbraucht einen solchen Text, zieht ihn aus dem Zusammenhang des Evangeliums heraus: damit er selber „in Frieden" gelassen wird mit seiner Meinung. Denn natürlich ist „Frieden" (durch Jesus Christus) das Wort, mit dem man das gesamte Evangelium zusammenfassen kann! Der Auferstandene haucht die Seinen am Osterabend an und benennt dieses Ereignis mit „Der Friede sei mit euch!" (vgl. Johannes 20,19)

Der Geist im Miteinander derer, die ihm begegnen und denen er begegnet, ist der Friede!

Allerdings muss man wissen, was das für ein Friede ist! „Meinen Frieden" gebe ich euch, sagt Jesus am Abend vor seinem Leiden (Johannes 14,27). Und das ist kein „billiger" Friede. Das ist auch nicht der Friede, mit dem man „in Frieden gelassen" wird. Nicht der Friede des Friedhofs. Es ist der Friede eines menschenwürdigen Lebens: lebendiger, belebender Geist zwischen den Menschen. Und er ist auch etwas, was nicht „sofort jetzt schon vollkommen" da ist. Sondern das ist ein Weg: zum Frieden hin. Und wer sich auf diesen Weg des Friedens mitnehmen lässt, lebt offensichtlich in einem Geist, der ganz anders ist als die Umwelt. Und deswegen gibt es „Spaltung". Weil ***die***

Kräfte, die sich in der Umwelt mächtig zeigen, eben nicht Kräfte des Friedens sind. Wenn nun aber diese andere Kraft Kraft hat – und das glauben Christen von dem, was Jesus mit „Frieden" meint! – , dann entstehen Konflikte. Wer ihnen ausweichen will, leistet ***dem Evangelium*** Widerstand. Ihm ist es dann wichtiger, in Frieden gelassen zu werden. Der glaubt dann – nicht an Christus, sondern an seine Bequemlichkeit!

Spaltung! Mitten in der Familie! Nun wissen wir es von Jesus selber. Diese Spaltung ging auch durch die Familie von Jesus selber: Sie erklärten ihn für verrückt – in Nazaret, um ihn vor der Steinigung zu schützen (vgl. Markus 3,21). Spaltung zwischen ihm und seiner religiösen Umwelt. Er hat es selber erklärt, warum und wie das zustande kommt: Auch im Gleichnis vom barmherzigen Vater entsteht eine Spaltung in der Familie – zwischen dem älteren, treuen, daheim gebliebenen Sohn und dem Vater samt dem jüngeren, sündigen, aber umkehrenden Sohn. Spaltung in der Familie. Der ältere ***will*** einen solchen „Frieden" – Versöhnung, „Auferstehung" – nicht (vgl. Lukas 15, 25-30).

Spaltung, die so weit geht, dass Jesus, der konsequent den Geist des Friedens lebt, ans Kreuz geheftet wird!

Der „Friede", den er bringt, geht nur über seine Leiche, nur über sein Blut, über seinen Tod. Ein schmerzhafter Weg zum Frieden! In seiner Nachfolge sind viele diesen Weg des Friedens gegangen: haben dem Unfrieden bis aufs Blut widerstanden. Maximilian Kolbe zum Beispiel. Viele wurden, weil sie das gelebt haben, politisch verfolgt. Zu allen Zeiten und in den diversen Regionen unserer Welt. Wer wirklich „treu" – stimmig, konsequent, von seinem Innersten her – als Christ leben will, kann damit Kopf und Kragen riskieren. Wie soll man sich dann verhalten?

Ein Abschnitt im Hebräerbrief greift – in der damaligen Zeit, die für Christen ziemlich riskant war – genau dieses Problem auf:

Lasst uns mit Ausdauer in dem Wettkampf laufen, der uns aufgetragen ist, und dabei auf Jesus blicken, den Urheber und

Vollender des Glaubens; er hat angesichts der vor ihm liegenden Freude das Kreuz auf sich genommen, ohne auf die Schande zu achten, und sich zur Rechten von Gottes Thron gesetzt. Denkt an den, der von den Sündern solchen Widerstand gegen sich erduldet hat; dann werdet ihr nicht ermatten und den Mut nicht verlieren. Ihr habt im Kampf gegen die Sünde noch nicht bis aufs Blut Widerstand geleistet. (Hebräer 12, 1-4)

Ermutigen will er: Dann werdet ihr nicht ermatten. Ihr habt doch bis jetzt noch längst nicht bis aufs Blut Widerstand geleistet! – „Im Kampf gegen die Sünde." Wenn das rein individuell-moralisch interpretiert wird (mit Vorliebe in Sachen Sex), wird natürlich das Ermutigende dieser Botschaft verschwiegen und verpasst. Es ist ja schnell klar, dass hier nicht die Sünde in mir selbst und der Kampf in mir selbst gegen die Sünde gemeint ist. Denn mit dem Kampf in mir selbst gegen die Sünde riskiere ich ja nicht meinen Tod. Nein, es ist die Sünde in der Umwelt gemeint – die „Sünde der Welt"[1]. Und worin versündigt sich in unserer Zeit die Menschheit am meisten?

Ist da nicht zu hören, dass wir gegen diese Sünde Widerstand leisten müssen, und dass ***er*** uns zumutet, unter Umständen bis aufs Blut diesen Widerstand zu leisten?!

Ja, dieser Weg zum Frieden ist ein schwerer Weg, für den beileibe sich nicht jeder Mensch entscheidet. Da steht ja so vieles entgegen, das mit Macht diesen Frieden verhindern will.

Er spricht uns seinen Frieden zu. Aber in diesem Zuspruch steckt zugleich der Anspruch: Dann, wenn ihr das wollt, dann müsst ihr auch mit-dienen. Damit mein Friede kommen kann.

So sind wir in der Kirche – immer wieder neu – in die Entscheidung gerufen. In eine schwierige, unbequeme Entscheidung. Zum Glück sind wir viele! Wenn wir viele ***sind***! Wir können viele sein. Miteinander sind wir stärker, ist Christus unter uns stärker, kann er besser handeln.

---

[1] vgl. Johannes 1,29 Der Täufer Johannes bezeichnet Jesus als „das Lamm Gottes, das die Sünde der Welt hinwegnimmt"

26 Kirche muss einfach echt sein!

Kann man eigentlich mit einem Satz sagen, was Sache der Kirche ist und wie sie sich selbst versteht? Wie sie ihre Aufgabe definiert, ihre „Mission"? Gibt es da vielleicht eine gut überlegte und verantwortliche - griffige - Formulierung?

Im offiziellen katholischen Messbuch gibt es einen Gebetstext unter der Überschrift „Für die Ausbreitung des Evangeliums" und mit der Maßgabe, das „wird am Weltmissionssonntag genommen", also an einem jährlichen Tag zur Besinnung auf die Aufgabe der Kirche und zur Bestärkung darin:

„Gott, du willst, dass deine Kirche ein Zeichen des Heils unter den Völkern sei und das Werk Christi bis zum Ende der Zeiten fortführe. Erwecke in allen, die glauben, die wache Sorge für das Heil der Menschen, damit aus allen Völkern ein heiliges Volk wird. ..." [1]

Und einer von fünf zur Auswahl vorgeschlagenen Evangeliums-Texten dazu lautet:

In jener Zeit erhob Jesus seine Augen zum Himmel und sprach: Vater, ich habe deinen Namen den Menschen offenbart, die du mir aus der Welt gegeben hast. Heiliger Vater, bewahre sie in deinem Namen, den du mir gegeben hast, damit sie eins sind wie wir. Heilige sie in der Wahrheit; dein Wort ist Wahrheit. Wie du mich in die Welt gesandt hast, so habe auch ich sie in die Welt gesandt. Und ich heilige mich für sie, damit auch sie in der Wahrheit geheiligt sind. Aber ich bitte nicht nur für diese hier, sondern auch für alle, die durch ihr Wort an mich glauben. Alle sollen eins sein: Wie du, Vater, in mir bist und ich in dir bin, sol-

len auch sie in uns sein, damit die Welt glaubt, dass du mich gesandt hast. (Johannes 17,6a.11b.17-21)

Etwas soll geschehen, „damit die Welt **glaubt**, dass du mich gesandt hast." Und was ist das, was da geschehen soll, damit die Welt glauben kann?

Alle, die an ihn glauben, sollen so „in" Jesus und in Gott „eins" sein, „wie du, Vater, in mir bist und ich in dir bin". Alle, die dann vom Glauben an ihn reden, und alle, die durch ihr Wort ebenfalls zum Glauben an ihn kommen. Eine ganz bestimmte Art von Einheit meint er: „Wie du, Vater, in mir bist und ich in dir bin."

Und an denen, die an ihn glauben – an ihrer Einheit, ihrer Gemeinschaft – muss dann er, Christus, zu erkennen sein. ***Muss!*** Sonst ***kann*** nämlich die Welt nicht an ihn glauben. Sonst kann die Welt gar nicht merken, was Wunderbares dieser Gott mit den Menschen vorhat. Da kann dieser Gott der Menschheit nicht ***zeigen***, was sein Wille für die Menschen ist. Wenn die, die an ihn glauben und sich als Christen hinstellen – , wenn die nicht ihn sichtbar machen; wenn die nicht eins sind miteinander, wie der Vater und der Sohn eins sind, dann ***kann*** die Welt nicht an ihn glauben. Das müssen wir uns in der Kirche sagen lassen. Also machen sich alle, die sich als Christen bezeichnen, aber sich nicht so verhalten, schuldig: Sie hindern Gott daran zu tun, was er für die Menschen will, und sie hindern die Menschen daran, das von Gott zugesagte und gewollte Leben zu finden. Wehe den Christen, die ***nicht*** danach leben! (vgl. 1 Korinther 3,16-17) Wenn Menschen nicht der Menschlichkeit unserer Welt dienen, dann ist das schlimm. Aber wenn ***Christen*** es nicht tun, gar dem zuwider handeln, ist es die Katastrophe! [2]

Es ist doch kein Mensch gezwungen, ein Christ zu sein! Wer aber als Christ gelten will, muss wissen, worauf er sich damit einlässt! [3]

Jesus setzt ***keinen*** unter Druck, Zwang ist ihm total fremd. Aber er ruft in die Entscheidung: Entweder ihr seid Christen; und dann muss es euer Ziel sein, entsprechend zu leben. Oder, wenn ihr merkt, dazu könnt ihr euch (noch?) nicht bereit erklären, dann – bitte schön – erklärt euch auch nicht als Christen. Und das ist dann ja gar nicht schlimm. Es müssen ja nicht alle Christen sein. Es ***muss*** aber die Möglichkeit bestehen, dass alle Menschen von Gott das Heil bekommen können! Das Heil will Gott allen schenken. Allen. Christen und Nicht-Christen.

Die Christen sind nun aber die, die von ihm eine Aufgabe gestellt bekommen haben, nämlich dieses Heil allen zu bringen: „Wie du mich in die Welt gesandt hast, so habe auch ich sie in die Welt gesandt." So nennt Jesus die Mission, die Aufgabe der Kirche, zu der er sie aussendet. Christen sind nicht die besseren Menschen, sondern Christen sind Menschen mit einem Auftrag von Jesus: mit einer Aufgabe, der sie sich mit Freude stellen, weil sie darin ihre Lebenserfüllung sehen.

Nun, wenn es so wichtig ist, unsere Mission zu erkennen, müssen wir mit der Frage „Was ist denn unsere Mission?" noch mal hinhören:

„... habe auch ich sie in die Welt gesandt. So, wie du mich ..." Gesandt wozu?

Ein anderer Schrifttext, den die Kirche der „Ausbreitung des Evangeliums" zuordnet, aus dem Brief des Apostels Paulus an die Christengemeinde in Rom, macht dazu klare Aussagen:

Wenn du mit deinem Mund bekennst: „Jesus ist der Herr" und in deinem Herzen glaubst: „Gott hat ihn von den Toten auferweckt", so wirst du gerettet werden. Wer mit dem Herzen glaubt und mit dem Mund bekennt, wird Gerechtigkeit und Heil erlangen. ... Wie sollen sie nun ... an den glauben, von dem sie nichts gehört haben? Wie sollen sie hören, wenn niemand verkündigt? Wie soll aber jemand verkündigen, wenn er nicht gesandt ist? ... (Römer 10,9-18)

„Gerettet werden" und „Gerechtigkeit und Heil erlangen". Schon diese Formulierungen sagen: Es geht immer um die Perspektive des bedrohten Menschen: Er soll gerettet ***werden***, Gerechtigkeit und Heil ***erlangen***! – Das Wesentliche ist nicht: Ihr müsst das und das tun. Nein, das Wesentliche ist: Ihr sollt das und das erleben! Alle! Macht euch diese Perspektive zu eigen! Und wenn ihr das für möglich haltet und mir zutraut, macht euch dran und sorgt dafür! Das ist der Stellenwert des „Ihr müsst!“: das „Macht euch dran!“ Ihr könnt die Hoffnung haben, dass es gelingt! Ich habe es ja in die Hand genommen.

Das Wort, das Jesaja, der Sohn des Amoz, in einer Vision über Juda und Jerusalem gehört hat. Am Ende der Tage wird es geschehen: ... Viele Nationen machen sich auf den Weg. Sie sagen: Kommt, wir ziehen hinauf zum Berg des Herrn und zum Haus des Gottes Jakobs. Er zeige uns seine Wege, auf seinen Pfaden wollen wir gehen. Denn von Zion kommt die Weisung des Herrn, aus Jerusalem sein Wort. Er spricht Recht im Streit der Völker, er weist viele Nationen zurecht. Dann schmieden sie Pflugscharen aus ihren Schwertern und Winzermesser aus ihren Lanzen. Man zieht nicht mehr das Schwert, Volk gegen Volk, und übt nicht mehr für den Krieg. Ihr vom Haus Jakob, kommt, wir wollen unsere Wege gehen im Licht des Herrn. (Jesaja 2,1-5)

Der Prophet nennt die Mission, um die es Gott geht, mit anderen Worten, vielleicht konkreter: Was bei Paulus „Rettung, Gerechtigkeit, Heil“ heißt, nennt er in der Wirkung: „... Recht im Streit der Völker ... schmieden sie Pflugscharen aus ihren Schwertern. ... Man übt nicht mehr für den Krieg.“ – Man? – „... ***wir*** wollen diesen Weg gehen!“ Diesen Weg, der Gottes Weg ist. Und er soll uns seinen Weg auch ***zeigen***! Nicht in den Kopf einimpfen, damit Marionetten den Fäden eines Tyrannen gehorchen, der zwingt, die Schwerter zu Pflugscharen umzuschmieden. Nein: ***Er*** soll ***zeigen*** und ***wir wollen*** den entsprechenden Weg gehen!

Jesaja richtet das als Prophet aus – mit ganz starker Gewissheit: „Am Ende der Tage ***wird*** es geschehen!“ Am Ende der Tage?! – Christliche Tradition hat schon immer diese alttestamentliche Formulierung auf die Zeit bezogen, die mit der Geburt von Jesus angefangen hat: Wir leben „am Ende der Tage“! Er hat also längst angefangen, das hier Versprochene wahr zu machen, das „am Ende der Tage“ geschehen soll: Aus allen Völkern kommen sie zusammen. Zu der neuen Einheit. Menschen, die etwas von Gott wollen und erhoffen: „Er zeige uns seine Wege.“ Er soll uns also ein Zeichen geben. Zeigen. Ein Zeichen für alle Völker. Jesus selber ist dieses „Zeichen“. Zeichen für Gott. Zeichen dafür, dass Gott jetzt seine Verheißungen erfüllt. Dazu weiß sich Jesus gesandt. Das ist seine Mission.

Und er, der diese Mission hat, sagt im Gebet: „Wie du, Vater, mich in die Welt gesandt hast, so habe auch ich sie in die Welt gesandt.“ Mit derselben Mission also. Sie sollen ***das*** Zeichen sein für diese Welt. „Damit die Welt ***glaubt***, dass du mich gesandt hast.“

Wenn wir solche Worte und ihre Bedeutung auf uns einwirken lassen, stellen sich uns viele gewichtige Fragen:

Wie steht es mit meiner Bereitschaft, ein Teilchen zu sein in diesem Zeichen? – Ist das, was diese Mission von Kirche ist, auch mein eigener Wille? Bin ich damit ganz einverstanden? Ist das meine Richtung? Die Ausrichtung meines Lebens? Mein „Ding“, an dem ich einfach meine Freude finde?

Wie viel sehe ich mich eins mit dem, was der Kirche aufgetragen ist? Inwiefern gehöre ich dazu, das zu tragen, was Kirche trägt?

Sich solchen Fragen zu stellen, braucht Zeit. Und: Wo fange ich denn an?

Anfangen damit können Menschen, die sich bereits als Kirchenglieder verstehen und deren Gemeinschaft öfter im Gottesdienst praktizieren, vielleicht am einfachsten, indem sie näher anschauen, wie sie sich üblicherweise – und dem Brauch gemäß – in den Gottesdiensten verhalten und fühlen:

Im Gottesdienst an einem „Sonntag der Weltmission“, in dem ich solche Gedanken der versammelten Gemeinde nahe zu bringen versuchte – , fügte ich nach der Aufforderung zum Beten des Tagesgebets – an Stelle der „Stille, in der sich alle zum Gebet sammeln“ (wie es im Messbuch heißt) – ein paar persönliche Worte an:

„Lasst uns beten. – Und ich bitte alle, die sich als Christen verstehen und die vorhaben, nachher hier an der Kommunion teilzunehmen, sich ganz ehrlich bewusst zu werden: Kann ich dieses Gebet wirklich mittragen und mit meinem Amen bekräftigen? Ist das wirklich meine Sache? Kann ich dahinterstehen? – Denn wenn wir ehrlich sind, ehrlich sein **wollen** – und das **müssen** wir! – dürfen wir doch nur dann Amen dazu sagen, wenn wir das wirklich bekräftigen wollen. Nur dann können die anderen, die das hören, Mut schöpfen, dass so viele – **vielleicht** so viele – so etwas wollen, was wir jetzt, am Tag der Weltmission, beten – mit den Worten, die die Kirche uns dazu ans Herz legt.“

„Kommunion“ heißt ja so viel wie „Gemeinschaft“ und ist also ein Zeichen der hier gemeinten Einheit im Glauben. Und wenn viele, von denen ihre Teilnahme an der Kommunion zu sehen ist, gar nicht dazu beitragen, dass das laut Gebet Gewünschte wirklich im Alltag der Welt, im gemeinsamen Wir, als Kirche gelebt wird? Was könnte denn passieren oder was passiert tatsächlich? – Aus Anlass des Sonntags in der jährlich stattfindenden Interkulturellen Woche nahm ein der Kirche fern stehender Lokalpolitiker an einem unserer Gottesdienste ausdrücklich als Gast teil. Im anschließenden Gespräch sagte er: „Was da die Leute im (Fürbitt-)Gebet gesagt haben, war sehr schön und gut, aber – und er lächelte nachsichtig – ich kenne die; die meinen das nicht so.“

Die Gefahr ist, dass die Welt sich lustig macht über die Kirche, so dass die Wirkung ihres Dienstes verpufft: Haha, die tun so als ob. Machen schöne Worte. Scheinheilig. Heuchlerisch ... Und ganz schnell werden in solchen Momenten dann die alten Probleme wieder auf den Tisch gebracht: die Schwert-Mission im Mittelalter: ***Sie*** haben ***nicht*** die Schwerter zu Pflugscharen umgeschmiedet. Sie haben die Schwerter zu Mitteln der Mission gemacht: „Entweder du lässt dich taufen oder – Kopf ab!“ Das wirkt für viele bis heute nach. Und wenn auch manchmal nur als bequeme Rechtfertigung, sich nicht mit der Kirche und ihrer Botschaft auseinandersetzen zu wollen. Immer aber wenn Kirche ihre Mission kompromittiert, – verrät und missbraucht – , um eigene Machtgelüste zu befriedigen, dann ist sie eben nicht Kirche. Dann versperrt sie den Menschen den Zugang zu dem, das zu vermitteln sie gesandt ist. Wenn Kirche, weil sie, mit den politisch Herrschenden verbändelt, entsprechende Macht zur Verfügung hat, ganze Völker zwingt – sogar bis hin zur Todesandrohung zwingt, Christen zu werden, dann ***kann*** doch eine solche „Christengemeinschaft" gar nicht ehrlich ***Zeichen*** sein. Dann ist das doch alles Schau!

Und Außenstehende, die in unseren Tagen zentrale Unstimmigkeiten und Widersprüche an der Kirche erleben, die sich dann nicht oder nur halbherzig davon distanziert und somit mangelnde Bußbereitschaft demonstriert, die können natürlich nur noch entweder – wenn sie gutmütig sind – mit den Achseln zucken oder – wenn sie sadistisch veranlagt sind – sagen: Haha, da schau her, da sieht man es ja wieder mal – die Kirche!

Ja, leider stellt sich für viele die Kirche nur als eine Institution dar, die über Menschen Macht ausüben will. Ein 47-Jähriger erzählte mir: Ich wollte mir jetzt mal aus erster Hand ein Bild von der katholischen Kirche machen. Also bin ich in ihr Zentrum gefahren, nach Rom. Ich hab mir alles gut angeschaut und habe mich führen lassen. Und dann lachte er: Mir ist völlig klar geworden, da geht es nur um Macht!

Christen wissen sich aber – als Glieder der glaubenden Gemeinschaft Kirche – in diese Welt gesandt. Darin müssen sie eins sein – in der Art von Jesus und dem Vater. Darum betet Jesus! Kirche muss Kirche sein! In Ehrlichkeit und Aufrichtigkeit! Das „Amen" muss stimmen. Oder es ist eine Lüge. Schlimm, weil es dann Gott hindert zu wirken.

Wenn ein Suchender, ein Hoffender, ein Sich-Sehnender zu uns kommt und wenn er spürt, dass er sich auf unser „Amen" verlassen kann, dann kann das kräftige, überzeugende Amen einer Gemeinde ihm Mut machen. Wenn dieses Gebet zum Beispiel geheißen hat „Mach doch alle, die an dich glauben, zum Zeichen des Heils für alle!" Und wenn dieser Mensch spüren kann: so viele wollen das! Ja wenn so viele das wollen, dann muss es doch geschehen; dann ***wird*** es geschehen; das ist doch klar! Dann macht das Mut. Dann wird Kirche – durch den Gottesdienst – wieder einmal zur Welt verändernden Kraft. Dann ***zeigt*** sich Gottes Weg tatsächlich. Aber wenn das Amen halt nur so dahingesagt wird und jeder spüren kann, dass das nur halbherzige Pflichterfüllung ist, weil man es halt so macht, – dann machen alle die, die das so tun, Gottes Kraft kaputt! – Und das ist hier nur am Beispiel des Amen im Gottesdienst gesagt.

Man könnte an vielen anderen Beispielen weiter illustrieren, wie zwingend notwendig es ist, dass wir ehrlich sind, ganz bewusst; dass wir uns ehrlich entscheiden. Allein schon in jedem Gottesdienst von neuem: Kann ich es verantworten, hier und jetzt zur Kommunion zu gehen? Kann ich mich denn wirklich so intensiv, wie es die Teilnahme an der Kommunion bedeutet, zu dem bekennen – zu diesem Christus, der mich zu einem Teil seines Zeichens für die Welt macht? Zum Beispiel. Wenn nicht, dann sollte ich die Distanz, die in mir da ist, auch wahren und nicht so tun, als sei ich so eins mit ihm, wie ich es demonstriere beim Empfang der Kommunion. – Es sei denn, dieser Moment wird für mich zum Akt, in dem ich mich im vollen Bewusstsein dieser Distanz, aber mit der schmerzhaften Sehnsucht nach ihrer Überwindung ihm demütig und hingebend anvertraue.

„Damit die Welt ***glaubt***, dass du mich gesandt hast." „Erwecke in allen, die glauben, die wache Sorge für das Heil der Menschen!" Für das Heil, das Gott bringt. Er. Er, der im Streit der Völker Recht spricht. Er, der die Schwerter zu Pflugscharen umschmiedet.

Nicht die Zahl macht's! Nur der Glaube macht's. Aber – bitte – der wirkliche Glaube! Nicht der Speicher da oben, der Bescheid weiß; das ist ja nicht Glaube. Nicht, ob ich Ja sag auf die Frage

„Ist Jesus Gottes Sohn?", sondern ob ich diesen Gottessohn in meinen Adern und in meinem Herzen als prägende Gestalt und als prägenden Sinn meines Daseins zulasse und will; darauf kommt's doch an! – Und wenn wir so – ehrlich – zu unserer tatsächlichen Einstellung und Stellung stehen – auch ehrlich voreinander – , dann können alle Menschen mit Sehnsucht nach Leben endlich anfangen, auf diesen Gott konkret zu hoffen. Denn dann können sie ja an denen, die konsequent Christen sind, auch erleben: Das gibt's wirklich: diesen rettenden Gott!

Ich bin voll dabei?

zur inneren Einstellung der Kommunizierenden in der Eucharistiefeier [4]

In der Eucharistiefeier ist das Hochgebet das zentrale gemeinschaftliche Gebet von allen, die mitfeiern. Der Priester spricht im Namen von allen aus, was am Ende des Hochgebets alle mit ihrem „Amen" bestätigen und bekräftigen.

Was im Hochgebet Gott gesagt wird, hängt nicht von der Lust der Gemeinde oder vom Gutdünken des Priesters ab. Seine Inhalte sind aller Willkür entzogen. Sie sind vorgegeben. Daraus ergibt sich im Interesse der Ehrlichkeit der Einzelnen und im Interesse der Glaubwürdigkeit der Gemeinschaft:

Die volle Teilnahme an der Eucharistiefeier, also die Teilnahme auch an der Kommunion, ist sinnvoll und ist gemeint für alle diejenigen, die die Einstellung entweder haben oder anstreben, wie sie im Hochgebet sich ausdrückt: die Dankbarkeit gegenüber Gott für alles das, was dann genannt wird. In jeder Eucharistiefeier wird sie ja vor dem Hochgebet im Dialog zwischen Priester und allen benannt: „Lasst uns danken dem Herrn, unserm Gott!" – „Das ist würdig und recht!" Da diese Dankbarkeit auch das umfasst, worauf wir da noch hoffen dürfen, nennt das Hochgebet immer auch bittend Inhalte dieser Hoffnung, die unser eigenes Leben und seine Orientierung betreffen.

Einige Beispiele hierfür aus den verschiedenen Texten des Hochgebets:

„Wir danken dir, dass du uns berufen hast, vor dir zu stehen und dir zu dienen. Wir bitten dich: Schenke uns Anteil an Christi Leib und Blut und lass uns eins werden durch den Heiligen Geist." (2. Hochgebet)

„Stärke uns durch den Leib und das Blut deines Sohnes und erfülle uns mit seinem Heiligen Geist, damit wir **ein** Leib und **ein** Geist werden in Christus." (3. Hochgebet)

„Wir feiern das Opfer Christi, das er uns anvertraut hat. Er hat sich für uns hingegeben und schenkt uns Anteil an seinem Leib und Blut. Wir bitten dich: ... gib, dass wir im Geist deiner Liebe für immer verbunden bleiben mit ihm und untereinander." (Hochgebet für besondere Anliegen, Version I bis IV)

„... Schenke uns durch die Teilnahme an dieser Feier den Geist, der uns mit Leben erfüllt. ... Lass die Gläubigen die Zeichen der Zeit verstehen und sich mit ganzer Kraft für das Evangelium einsetzen. Mache uns offen für das, was die Menschen bewegt, dass wir ihre Trauer und Angst, ihre Freude und Hoffnung teilen und als treue Zeugen der Frohen Botschaft mit ihnen dir entgegengehen." (Hochgebet für besondere Anliegen, Version IV)

Fragen zur Besinnung:

- Sind das auch meine Anliegen?
- Wie nah oder fern liegen in meinem Leben tatsächlich meine Prioritäten bei dem, was ich durch mein „Amen" zum Hochgebet und durch die Teilnahme an der Kommunion öffentlich bekunde?
- Wie stehe ich dazu?
- Wie sollte es nach meiner Meinung in der Kirche sein?
- Und wie möchte ich es für mich?

[1] Messformular „Für die Ausbreitung des Evangeliums" B - Tagesgebet
[2] z.B.: Wenn Menschen die sexuelle Entwicklung von Kindern und deren sich noch entwickelnde sexuelle Selbstbestimmung nicht achten, ist das schlimm. Wenn aber Christen, vor allem Vertrauenspersonen mit Leitungsverantwortung in der Gemeinschaft von Christen, Kinder für die Befriedigung ihrer eigenen triebhaften Bedürfnisse missbrauchen, dann ist das die Katastrophe!
[3] vgl. Kapitel 17 „Christus den Vorrang geben"
[4] ursprünglich ein Papier zur Besinnung für Eltern von Kommunionkindern – hier gekürzt